谈判口才与实用技巧

陈峰◎编著

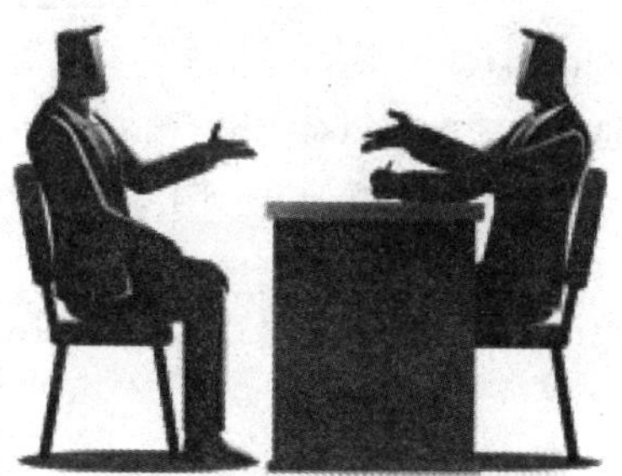

国家一级出版社 中国纺织出版社 全国百佳图书出版单位

内 容 提 要

语言是一种艺术，谈判是一门科学，无处不在的谈判深深地影响着我们的生活。实用的谈判口才，将会使你的人生更精彩。

本书以谈判准备、开局、终局等各个阶段为主线，剖析谈判过程中的倾听、提问、氛围等诸多要点，深入浅出地阐述了“如何修炼谈判口才”这一论题，适合谈判人员阅读和参考。

图书在版编目（CIP）数据

谈判口才与实用技巧 / 陈峰编著. —北京：中国纺织出版社，2019.4（2023.5重印）

ISBN 978-7-5180-5947-8

Ⅰ.①谈… Ⅱ.①陈… Ⅲ.①谈判—语言艺术 Ⅳ.①C912.3

中国版本图书馆CIP数据核字（2019）第024045号

责任编辑：闫　星　　特约编辑：李　杨

责任校对：江思飞　　责任印制：储志伟

中国纺织出版社出版发行

地址：北京市朝阳区百子湾东里A407号楼　邮政编码：100124

销售电话：010—67004422　传真：010—87155801

http：//www.c-textilep.com

E-mail：faxing@c-textilep.com

中国纺织出版社天猫旗舰店

官方微博http：//weibo.com/2119887771

永清县晔盛亚胶印有限公司印刷　各地新华书店经销

2019年4月第1版　2023年5月第3次印刷

开本：880×1230　1/32　印张：6.5

字数：159千字　定价：48.00元

前言

语言的出现，标志着人类文明开始了。早在很久以前，人们就深谙语言的力量。古埃及一位年迈的法老谆谆告诫准备继承王位的儿子麦雷卡说："当一个雄辩的演讲家吧，这样你才能成为一个坚强的人。舌头是把利剑，演讲比打仗更有威力。"可以说，雄辩的口才，比瞄准的子弹更有力。纵观我国古代先贤，诸如孔子、孟子、苏秦、张仪等，无一不是能言善辩、才学出众的人物，其实，他们都是了不起的谈判高手。

谈判是口才的艺术，凡是生活中的语言交流，都是谈判。父母与孩子交流是谈判，夫妻之间交谈是谈判，朋友之间交往是谈判，与客户沟通是谈判，凡是需要与人交流的场合都离不开谈判，且每一场谈判的结果都将给人们带来很大的改变。和谐融洽而又成功的谈判，将会使人们赢得和睦的家庭、深情的友谊、愉悦的职场关系以及巨大的商业利益。

所谓谈判口才，简而言之，就是在谈判时口语表达的能力，即谈判者使用的口语表达的艺术和技巧。具体而论，谈判口才就是在某些情境下，谈判者运用准确、得体、恰当、有力、生动、巧妙、有效的口语表达策略，同谈判对手进行磋商，以达到自己的目的，赢得圆满的口语表达效果的艺术和技巧。

现代社会竞争非常激烈，生活节奏日益加快，人与人之间的交往比过去更频繁、更紧密，口才在社会发展和人的自我发展中的作用越来越重要。尤其是商业谈判中，瞬息之间的语言交锋便会带来利益，小小的谈判桌也能风云变幻。在双方势均力敌的情况下，口才就是决胜的重要法宝；在己方处于弱势的情况下，高水平的口才更是谋取最大利益的最佳方法。谈判场上，雄辩者居多，他们大多有明察秋毫的眼光，谈判口才的交锋，不仅是语言的较量，更是一场心理博弈。

每个人都需要具备谈判口才，这在社会发展中具有重要作用，更是现代人所必须具备的重要能力之一。当然，出色的谈判口才不是与生俱来的，它主要依靠每个人后天学习和锻炼而来，只有通过强化训练才能精通掌握。只要坚持不懈地训练，你也可以成为出色的谈判高手。

编著者

2018年10月

目录

第1章

准备阶段，计划周密未雨绸缪

谈判准备阶段是指谈判正式开始以前的阶段，这是商务谈判最重要的阶段之一，良好的谈判准备有助于增强谈判的实力，建立良好的关系，影响对方的期望，为谈判的进行和成功创造良好的条件。

深谙日常谈判礼仪

在日常谈判中，礼仪扮演着十分重要的角色，合理地使用谈判礼仪有助于谈判的顺利进行。不同地区存在着文化差异，这影响着日常谈判。因此，谈判者应该注意谈判过程中礼仪的正确使用。随着经济的快速发展，谈判在业务合作过程中扮演着越来越重要的角色，不同角色在谈判中的礼仪表现是不尽一致的。谈判作为一项特殊的商务活动，对谈判者的语言和行为礼仪都有着很高的要求，在谈判过程中，谈判者可以通过大方、得体、优雅的行为礼仪为和谐友好的谈判气氛提供重要保证。

谈判礼仪的作用一是律己，二是敬人。所谓律己，就是用一定的礼仪来规范自己的行为，表现出良好的内在修养，不但让自己充满自信，而且获得对方的尊重。所谓敬人，就是通过一定的礼仪，更好地向对方表达尊重、友好与善意，增进双方之间的信任和友谊。谈判礼仪不仅令你在谈判场合受益，还可以有效提升个人的素养，毕竟教养体现细节，细节展示素质。我们在商业交往中会遇到不同的人，与不同的人如何进行交往，这是需要讲究艺术的。并且，良好的谈判礼仪还利于维护企业形象。在商务交往中，个人代表整体，个人形象代表企业形象，个人的所作所为就是企业的典型活体广告。所谓此时无声胜有声。

1. 仪容礼仪

谈判者出入谈判场合，应该讲究仪容仪表艺术。正所谓“佛要金装，人要衣装”，整洁得体的服饰和大方的仪表不但可以美化一个人的外表，而且可以反映一个人的个性、审美情趣和文化品位等。一位仪表得体的谈判者，可以给谈判对手留下良好的第一印象；而一位衣冠不整的谈判者，不但会自毁形象，而且会给人一种邋遢的感觉，这样的形象极其容易被谈判对手轻视。所以谈判者需要注重仪表礼仪，不一定要穿名牌，但着装一定要合体、合适。

女士的仪容仪表包括头发、发型发饰、面部修饰、着装、丝袜、皮鞋，以及携带的必备物品等。发型应该保持美观、大方，女士在选择发卡、发带时应注重庄重大方，在正式谈判场合应该以淡妆为主，不应该浓妆艳抹。女士在着装时要严格区分职业套装、晚礼服及休闲服，尽量避免无领、无袖、太紧身或者领口开得太低的衣服，要尽量合身。

男士的发型发式标准是干净整洁，注意经常修饰、修理，头发不宜过长，前部和头发不要遮住眉毛，侧部的头发不要盖住耳朵，后部的头发不宜过长。男士在面部修饰方面要注意每天进行剃须修面以保持面部清洁，随时保持口气清新，不要带有香烟味、酒气等刺激性气味。男士的着装以西装打领带最为稳妥，衬衫的搭配要适宜，一般来说，避免穿夹克衫，或者西装与高领衫、T恤或毛衣搭配，西装一般以深色为主，避免穿有格子或者颜色艳丽的西装。

2. 介绍顺序

在谈判过程中，介绍的礼仪规则是：不分男女老幼，先把社会地位低的人引见、介绍给社会地位较高的人。比如："王总经理，请允许我想您介绍本公司的业务代表小李。"然后对小李说，"小李，这位是山水公司的王珂总经理"。在大型的商务谈判中，通常由双方主谈人或主要负责人互相介绍各自的谈判人员。假如是一方的代表同时介绍双方的谈判人员，应先介绍己方人员，然后再介绍对方人员，以示对对方代表的尊重。

3. 握手礼仪

握手是目前世界上大多数国家人士见面时互表敬意的普通方式之一，谈判双方人员在会面和离别时，通常以握手作为友好的表示，所以谈判人员不可忽视握手礼仪。通常主人应先向客人伸手，以表示欢迎，在机场、宾馆或会谈室接待来宾，不管对方是男士还是女士，主人都应先伸手；但在离别时主人不要先伸出手，以免有催促客人赶快离开之嫌。

通常男士应等女士先伸出手后方可伸手去握，男士与女士握手，只需握一下女士的手指部分，不要握得太紧，也不要握得太久。假如对方是上流社会贵族妇女，则往往会先伸出手做下垂式，此时男士应将其指尖轻轻托起吻之。

4. 守时守约

守时是谈判中的基本礼节，参加谈判的人员要准时按约定时间到达谈判场所，不能迟到，也不能过早到达，以免主办方因未准备完毕而出现手忙脚乱的难堪情况。假如不能如期赴约，要事先向对方说明情况，因故迟到要主动道歉。

5. 言谈礼仪

在商务谈判时要巧于辞令、措辞准确，语气神态要符合

现场气氛。谈判者要注意自己提问的方式，不可唐突、咄咄逼人。在陈述时要娓娓道来，不能东拉西扯、傲慢无礼。在谈判时要心平气和、以理服人。

6. 举止优雅

谈判桌其实就是一个活动舞台，若是举止不当，不但直接影响谈判效果，同时也会自损形象。所以谈判者的举手投足、一颦一笑都需要符合公务活动的规范，特别要注意和对方保持一定的距离，不能过于亲近或疏远。

7. 尊重对方

谈判者需要在谈判桌上营造一种友好的气氛，不能弄得硝烟弥漫、刀光剑影。这就需要充分尊重对方，包括尊重对方的风俗习惯，交谈中不要涉及隐私、禁忌及敏感问题，更不能拿对方的生理、穿戴、习惯等作为话题加以取笑。

8. 交换名片与施礼

交换名片也是很有讲究的，接过对方的名片后应点头致意，并妥善保存。假如在谈判桌上一次接受几张名片，最好将接受的名片依次摆在桌上，与对方的座次一致。在谈判过程中，适当施礼是必要的，互赠礼物可以增进双方的情谊，融洽彼此之间的关系，营造良好的谈判氛围、不过赠送礼物要恰当，不宜太贵重，以免让人觉得你另有所图。

收集详尽的谈判资料

谈判是有关方面就共同关心的问题互相磋商、交换意见，寻求解决的途径和达成协议的过程。谈判总是以某种利益的满足为目标，是建立在人们需要的基础之上的，这是人们进行谈判的动机，同时也是谈判产生的原因。简单地说，谈判就是两方或两方以上对同一个问题或事情达成一致的协议。不过，商务谈判所需要的语言与平时所说的语言不一样，谈判是双方的思想交流，除了临场发挥以外，还需要作好充分的准备。正所谓“不打无准备之战”，若是在毫无准备的情况下就贸然进行谈判，最终只会败下阵来。因此，日常谈判前，需要准备充分而有力的资料，这些资料包括对方的详细情况、我方需要达成的协议及预想谈判的议程等。

凡事预则立，不预则废，商务谈判前应作足充分的准备，尽管无法保证一定能成功达到目的，但可以让自己处于有利的处境，保证谈判顺利进行。许多人进行商务谈判都是匆忙上阵、灰头土脸下阵，赢了不知道缘由，败了不知道原因。之所以会出现这种情况就是源于没有进行精心的准备工作。那么，在商务谈判之前，我们究竟应该做好哪些准备工作呢?

下面是一则为谈判所准备的材料：

1.了解谈判双方交易相关情况

（1）双方的分析

我方分析：品牌号称价值几十亿，资金雄厚。如今已占据了国内南方的市场，现在的打算是发展北方市场。鉴于北方地区的销售网络建设投资太大，想找一个当地合作伙伴，共同建设生产与销售的机构。这样既可以减少投资、分散风险，还可以缩短进入市场的时间。

对方分析：与该地区饮料行业关系密切，看好我公司在

北方的发展前景，更想借我公司的知名品牌快速提高市场占有率，表示愿意与我方进行洽谈合作。

（2）谈判标的分析

我方分析：我公司主要的产品是各类饮料，我集团掌握了按一定的浓缩比例提供饮料生产必需的核心组分的技术，可广泛应用于各类饮料的生产，有效地支持生产商制造优质的饮料产品。公司提供专家级的服务，包括市场建设、质量管理和工程技术咨询。

对方分析：其环境、气候、资源、政策条件适合我方建厂经营。对方有当地政府的政策支持，在北方市场有较强大的销售网络，拥有较为充足的资金。

2.谈判过程设计及预测

（1）成交目标

建议工厂设计规模至少为年产量1亿瓶纯净水；须对方建厂土地至少30亩；须引进德国圈套纯净水生产线，拟定生产设备投资5000万～8000万元，而且设备由我方采购。

…………

（2）谈判地点、时间

某市，2011年6月30日。

在进行谈判之前，我们就应该掌握相当多的资料，首先，应该详细地了解对方的情况。俗话说："知己知彼，百战不殆。"只有对谈判的另一方有了较为充分的了解，在谈判现场才能有效地掌握主动权，从而逐步赢得头筹。反之，如果你对于对方的情况一无所知，那你就只能被对方牵着鼻子走。其次，还需要了解我方需要达到什么样的目的，以及妥协的最低限度。仅仅了解对方的情况是远远不够的，还需要相当熟悉自己的情况，因为在谈判中你所作的每一个决定都将以自己的情况作为基础，否则你便不知道自己到底需要达到什么样的目标。最后，还应该预设一个谈判过程，及时地了解谈判过程中可能出现的问题，提早作好准备，避免正式谈判时手忙脚乱。

在准备谈判的过程中，我们需要注意以下几个问题。

（1）资料越全面越好

谈判一方所掌握的资料越多越好，有的谈判者甚至会了解到对方谈判代表的喜好，以便在实际谈判中影响对方心理。总之，所掌握的信息和资料是永远不嫌多的。不过，在掌握了大量资料之后，还需要对资料进行提炼，获得其中精髓的部分。

（2）资料越具体越好

当然，这些资料不能是笼统的，而是需要详细具体，能够让你清楚地弄明白到底是什么情况，不要模糊不清；否则你在实际谈判时就会吞吞吐吐，或者说不清楚，继而影响到谈判的结果。

（3）搜集和分析情报

在一些招投标项目中，搜集和分析情报至关重要，招标方对于本次招标是如何定义的，是寻求标物的性价比，还是仅仅要求价格最低，或者是为了照顾关系户，招标方对标的物最在意的是质量、工艺还是价格，这些都需要谈判者对情报进行搜集和分析。这就是为什么招投标之前很多公司会把关键人物集中起来封闭在一个酒店里，严禁他们与外界联系。

（4）了解谈判的实质结构

在谈判之前，我们需要对谈判的实质结构加以了解，如本

次谈判参加者是谁、头衔分别是什么、性格特点是什么；是在自己的地盘谈判，还是在对方的地盘谈判，或者是在第三方地点谈判。因为谈判的参加者与地点都是谈判中的结构，会直接影响谈判的结果。

谈判团队的组建

任何一个组织都需要团队合作，虽然合作的形式会有所不同，但高效的团队合作往往是组织成员共同努力的结果，因为组织内上下级之间、员工与员工之间的合作是一个复杂而微妙的动态过程，而并非简单的加权。而谈判团队作为一个典型的组织团队也是这样。如今，谈判变得越来越复杂，所牵涉的范围也越来越广泛，如产品、技术、市场、金融、法律等。假如是牵涉国际间的谈判，还会涉及国际法、外语等知识，如此纷繁的知识绝不是仅凭一个人就掌握的。因此，谈判除了一对一的方式之外，更多的时候是一个谈判团队对另外一个谈判团队。谈判团队为了达到某个具体的谈判目标，按照新的组合放大个人的力量，从而形成一种新的力量。

此外，谈判团队的组合实际上是一种优势互补。在实际生活中，即便是再高明的谈判家，也有自己不知道的地方，也有自己的不足之处。而对这样的情况，就必须找一个能与之互补的人和他组成团队。我们都知道，一个人能力再强，也到不了无所不能的地步，因此一个好的谈判团队往往聚集了众多个人的力量，从而形成更强大的力量，而这样的力量恰恰是在实际谈判中所需要的。所以，如果你想在谈判中赢得头筹，那组建一个优势互补的谈判团队是很有必要的。

公司建立了以王先生为首的谈判团队，在这个团队里每个人都有自己的具体职能。王先生作为团队的领导，几乎担任所有面对面的谈判工作，他是整个谈判的组织者，负责大部分“说”的工作，或提出新的问题和新的提议，或作出妥协和让步。

团队中的小李是评论员，他主要负责总结目前的进展，阐明目前所存在的问题。观察员小赵主要负责观察并监控对方人员通过话语和肢体语言、面部表情所传递出来的信息。小凡是团队里的分析员，主要负责记录并分析全部的数据，以及对方的出价方式和作出让步的方式，这样有助于理解其谈判的目标和优先考虑的问题。

俗话说：“三个臭皮匠，顶一个诸葛亮。”一支管理精良的谈判团队具有这样的优势：可以代表公司内部的多方利益，保障企业内部各方对最终协议的坚定执行：可以有效地提高团队成员的自信，让整个团队在谈判桌上具有相当的杀伤力。当然，我们在组建谈判团队的时候，不要与对方团队的人数作比较，因为相较于一个臃肿的团队，一个少而精良的团队要好很多。

有些谈判者喜欢一个人与对手进行谈判，因为他们喜欢这种形式所带来的控制感。但即便是最简单的谈判也有其复杂的地方，而且极少有人能在谈判中同时身兼说、听、看和计划这几项工作。在这时，若是有一个精良的谈判团队，那必然会赢得头筹。

那么，我们在组建一个较好的谈判团队时应该考虑到哪些问题呢？

1. 明确谈判团队的人员组成原则

在组建谈判团队时，需要考虑两方面的内容：一方面需要成员具有良好的专业基础知识，而且能快速有效地解决谈判中可能出现的问题；另一方面要求成员必须关系和谐，可以求同存异。简单地说，就是需要成员遵循知识的互补性，包括性格、能力的互补。

2. 对谈判成员数量进行有效的控制

可能有人会问：一个谈判团队由多少人构成才是最合适的呢？国内外的专家普遍认为大概由6个人组成最合适，具体是谈判管理员、经济人员、技术人员、法律人员、翻译人员、记录人员这6个人。人员的搭配要适当，也可以适当作出调整。

3. 确定主谈与辅谈

在整个谈判团队中，主谈是大将，决策者是元帅，智囊是军师，只有每个人都摆正自己的位置，才不会发生内部斗争。主谈作为公司代表，其言语代表着公司，因此，谈判桌上主谈的发言就是公司的发言，主谈的表态就是公司的表态，这是为了保证谈判团队发出一致的声音，不能有两个声音出现。而辅谈则是配合主谈，辅谈通常是对项目有极深的专业认识，或是因战术需要而安排的智囊成员。

在谈判团队中，最重要的是选择合适的主谈，要选择既能坚守原则又可以灵活变通的人来担当主谈。经常会有一些谈判因为主谈过于死板僵硬的思维而最终失败。

4. 不可或缺的军师

智囊就是军师，与主谈配合好了，能够争取更多的谈判筹码，因此军师要充分发挥智囊的作用，为目标铺路。如常见的有黑红脸战术，这个战术尽管最常用，不过要用好，不但需要两个人默契配合，而且需要恰到好处的表演。

5. 成员之间要形成优势互补

谈判成员之间要形成优势互补，这个互补性不但包括职务、专业技能方面，而且包括性格、爱好等方面。谈判是人与人之间的对话，当面对关键人物或发展关键线人时，我方谈判团队内应有合适的人选。对于谈判桌外的交际，人的性格、爱好就显得十分重要，针对目标人物，我方要有应对人员。

做好谈判计划书

谈判计划是谈判过程的初始阶段，包括在对交易内容进行可行性调查研究的基础上进行的计划，确定谈判主题，明确谈判要点，挑选谈判人员，草拟谈判方案以及制订谈判措施等。在谈判之前，我们需要制订一份完整的“商务谈判计划”，这既关系到谈判的结果，也直接影响谈判者自身公司的利益及其在公司的前途。

通常情况下，谈判的准备工作就是制订一个简单、具体而又有弹性的谈判计划。这个计划应尽量简洁，以便其他成员记住其重要内容。计划必须具体，不能只求简洁而忽略具体，既不要有所保留，也不要过分细致。而且，这个计划还需要有弹性，谈判者需要善于领会对方的谈话意图，判断对方的想法与自己的计划的区别所在，从而灵活地对谈判计划进行调整。

1. 组建谈判团队

一个优秀的谈判团队除了必须具备相应的专业技术知识外，还必须具备一定的谈判经验，而且能够融洽地处理成员之间的关系以及与谈判对手的关系。为了使谈判高效运作，谈判团队可以由谈判组长、技术专家、商务专家、财务专家、法律专家、后勤保障人员等组成。

2. 谈判成员分工

按照谈判小组成员的各自特长，进行合理分工，明确责任范围，关键是解决在分工基础上的小组成员的全面合作问题。在确定谈判小组成员后，可以组织一次全体成员会议，将所了解的对方的全部情况向全体成员详细说明，进行明确分工，强调团体合作。

3. 拟订谈判目标

谈判目标必须明确、具体，同时，谈判团队的成员应该清楚认识到这是谈判的重要原则，所有的谈判工作都必须围绕谈判目标的实现而开展。简单地说，谈判的所有活动都将围绕这一个谈判目标展开，谈判结束后势必达到这个谈判目标。

4. 确定谈判的地点

通常情况下，假如谈判需要进行两场以上，那己方与对方都将准备一个谈判地点。为了避免在对方公司谈判时的被动局面，我们可以将谈判主场安排在接待对方代表的酒店，如此一来，下一轮在对方所在地谈判时也可以要求在酒店会议室进行，这样是公平、合理的。安排在对方所住的酒店可以让对方代表消除由于第一次到己方所造成的陌生和紧张的感觉，有利于创造良好的谈判开局气氛。尽管会增加酒店会议室的费用，

但这样做是值得的。

5. 确定谈判日程

拟定时间表与对方协商，或者确认对方拟定的时间表，确认时间、议题，以及预期达到的结果。在不能按照预期进行谈判时要采取补救措施，如某天没能就某议题达成协议则利用晚上的时间继续谈判，一周未能达成一致则利用周末继续谈判，或者暂缓谈判安排另外时间或延长时间等。

若是一次谈判不可能达成最后协议，还需要安排第二轮谈判。所以谈判日程应尽量安排紧凑一些，最好能在一天之内全部安排完毕，留下足够的时间安排对方代表考察己方公司，向对方展示己方实力。若对方谈判代表是第一次到己方所在地，按照惯例必须安排对方代表在己方所在地的旅游活动，从而给对方谈判人员留下良好的印象。第一次谈判只需要就主要议题进行安排，安排不完或这次不能达成协议的议题，可以暂且放在下次进行。

6. 拟订谈判策略

按照谈判日程，面对不同的谈判阶段制定完善的谈判策略，简单地用文字表述出来，以便谈判成员熟记于心。比如，在开局阶段，己方在作公司介绍时要重点介绍哪些知名企业是己方的长期用户，己方公司为这些企业在保证产品质量、降低成本方面做了哪些贡献；在报价阶段，为了展现己方的真诚，在报价原则上直接报出己方可以给对方降低产品成本的各方面的帮助，为后面的谈判留下足够的空间。

而在议价的阶段，则需要重点强调己方可以为对方降低产品成本，毕竟这是对方最关心的事情；在让步策略上，要在提

供己方的专业知识及经验方面作出比较大的让步，即便对方不要求，在知识及经验的传播上我们也应不遗余力。

7. 搜集谈判资料

可以由谈判小组的后勤保障人员列出相关信息资料列表，逐一准备，包括背景资料、行业资料、对方信息资料、相关法律资料、相关标准资料、技术资料、产品或服务资料、商务资料、财务资料等。

8. 准备合同文本

通常来说，谈判结束后再准备合同是不利于己方的，毕竟匆忙地准备合同必然会产生遗漏。不论对方是否准备合同文本，己方都需要作好充分的准备，即便最后是按照对方的合同文本进行合同条款谈判，己方也需要准备合同文本，避免陷入合同陷阱。所以，谈判小组成员的法律专家应起草一份合同文本作为准备，若是谈判进行得顺利，在第一轮谈判结束时基本达成一致，己方应主动提交合同；若谈判不成功，则留待下次使用。

9. 准备一套应急方案

双方毕竟是第一次进行商务谈判，彼此都不太了解。为了让谈判顺利进行，给对方谈判人员留下美好的印象；再加上本次谈判是在己方所在地进行，对方代表在许多事情上不像在自己所在地那样方便；另外，还有许多意外的事情发生是我们无法预料的，所以应该考虑得更周全。

比如，在成员方面。若确定的谈判成员由于公司其他事情或个人的原因不能按时到达，应由谁替代？谈判过程中，由于某位成员有紧急事情而不能继续谈判，临时从公司抽调人又来不及，这时如何安排？

在场地及设备方面，己方考虑的是在酒店会议室谈判，不会像在公司那样方便，那就必须考虑到电力、设备等故障的应急处理措施，通常这些在签订会议室使用合同时就应要求酒店给出方案。

谈判方案的安排议程

通常情况下，谈判议程的安排对谈判双方都是十分重要的，议程的安排本身就是一种谈判策略，一定要特别重视这项工作。谈判议程通常要说明谈判时间的安排和议题的确定，谈判议程可由一方准备，也可以由双方协商确定。议程包括通则议程和细则议程，通则议程由谈判双方共同使用，细则议程供己方使用。

商务谈判是一项技术性较强的工作，为了让谈判在不损害他人利益的基础上达成对己方更加有利的协议，我们需要随时灵活地运用谈判技巧而又不让对方察觉。一个制作精良的谈判议程，常常可以驾驭谈判。谈判就好像双方作战一般，而谈判议程则是己方纵马驰骋的缰绳。你可以被迫让步、可以被击败，但只要你可以左右敌人的行动，而不是听任敌人的摆布，那你依然在某种程度上占据优势，而且你的各方面计谋将略胜于对方。

谈判者在拟定通则议程和细则议程时需要注意以下几个问题。

1. 合适的时间安排

时间的安排，也就是确定在什么时间举行谈判、多长时

间、各个阶段时间怎样分配、议题出现的时间顺序等。谈判时间的安排是议程中的关键环节，假如时间安排得比较匆忙，准备不够充分，匆忙上阵，情绪急躁，就难以冷静地在谈判中实施各种策略；假如时间安排得很松散，不但耗费大量的时间和精力，而且，随着时间的推迟，各种环境因素都会发生变化，可能错过一些关键的机会。

2. 拟定谈判议题

所谓的谈判议题就是谈判双方提出和讨论的各种问题，要想确定谈判议题，首先要明确己方打算提出什么问题，需要对哪些问题进行讨论。然后对这些问题全盘进行比较和分析：哪些问题是主要议题，将这些列入重点讨论范围；哪些问题是次要议题；哪些问题是可以忽略不计的。此外，分析这些问题之间存在什么关系、在逻辑上有什么联系，预测对方会提出什么样的问题，哪些问题是己方必须认真对待、全力以赴去解决的，哪些问题可以根据情况作出让步，哪些问题可以不进行讨论。

3. 己方拟定谈判议程时需要考虑的问题

谈判的议程安排要考虑己方的具体情况，在程序安排上可以扬长避短，也就是在谈判的程序安排上保证己方的优势可以得到充分的发挥。同时，议程的安排和布局要为自己出其不意地运用谈判策略埋下契机，假如谈判者比较有经验，他是不会错过利用拟定谈判议程的机会来筹划谋略的。

所拟定的谈判议程内容要能够体现己方谈判的总体方案，统筹兼顾，引导或控制谈判的速度以及己方让步的限度和步骤等。而且，在议程的安排上，不宜过分伤害对方的自尊和利益，以免导致谈判过早失败。不要将己方的谈判目标，尤其是最终谈判目标通过议程和盘托出，否则会让己方处于不利地位。

不过，议程由自己安排也有不利之处，己方准备的议程往往透露了自己的某些意图，由此，对方可在谈判前拟定对策，使己方处于不利地位。同时，假如对方不在谈判前对议程提出异议而掩盖其真实目的，或者在谈判过程中提出修改某些议程，容易导致己方处于被动地位，甚至导致谈判失败。

4. 谈判通则议程与细则议程

通则议程是谈判双方共同遵守使用的日程安排，通常要经过谈判双方协商同意后方可正式生效。在通则议程中，一般会确定这样一些内容：谈判总体时间及分段时间安排，双方谈判讨论的中心议题，问题讨论的顺序，谈判中各种人员的安排，谈判地点及招待事宜。

通常细则议程是己方参与谈判的策略的详细安排，只供己方人员使用，具有一定的保密性，其主要包括以下一些内容：谈判中统一口径，如提出的观点、文件资料的说明等；对谈判过程中可能出现的各种情形的应对策略安排；己方发言的策略，如什么时候提出问题、提出什么样的问题、向什么样的人提出问题、谁来提出问题、谁来补充这个问题、谁来回答这个问题、谁来反驳对方的提问、在什么样的情形下要求暂时停止谈判；谈判人员更换的预先安排；己方谈判时间的策略安排、谈判时间期限。

5. 关于对方提出的议程安排

未经详细考虑后果之前，不要轻易接受对方提出的议程。在安排问题之前，要给自己充分的思考时间；仔细研究对方所提出的议程安排，便于发现是否有什么问题被对方摒弃在议程

之外，或可作为用来拟定应对策略的参考；不要显示出己方的要求是可以妥协的，应尽量早点表示你的决定。如果你对对方提出的议程不满意，要鼓起勇气去修改，而不要被对方编排的议程束缚住思维，尤其要注意利用对方议程中可能暴露的谈判意图，以后发制人。

当然，谈判议程只不过是一个事前计划，并不代表合同，谈判的任何一方在谈判开始之后对议程的形式感到不满意，都要及时地去修改，不要觉得不好意思，否则双方都负担不起因为忽视议程而造成的损失。

第2章

开局阶段，稳扎稳打夯实基础

俗话说得好，一个良好的开始是成功的一半。在一次谈判中，初始行动是十分关键的，这是因为它可以传达出有关双方的态度、意图以及对他人的感觉等信息，从而帮助谈判者在决定自己以什么姿态出现之前先探查出对方的基本姿态。

心理博弈，揣摩对方真实想法

在日常工作中，与客户谈判成为我们工作的主要内容。而现代商务谈判均是以互惠互利为目的、以洽谈磋商为手段，这就令我们免不了要与对手进行一番正面的交锋。甚至，我们可以说谈判就是一场心理战，谁能掌握主动权，谁就能赢得最后的胜利。所谓“商场如战场”，面对强有力的对手，我们不仅要具备良好的心理素质，更需要通过对手表现出来的细枝末节去揣摩其真实意图。简单地说，你需要知道对手手中拿着的最后一张王牌，否则，你只会败下阵来。

20世纪80年代，我国曾与突尼斯SIAP公司的商务代表、技术代表关于在我国兴办化肥厂的有关事项进行谈判。中突双方都非常重视这个建设项目，双方完成了可行性研究报告后，经有关人员的反复论证，选择了具有优越港口条件的秦皇岛市作为建厂地点。可行性研究报告刚刚结束，科威特石油化学公司得此消息，便立即表态，愿参与此项目，与中方合资办厂，并派出了谈判代表。

出乎意料的是，在谈判一开始，对方听我方介绍完该项目的前期工作后，就断然说：“厂址选在秦皇岛不合适，你们所做的一切工作都是毫无用处的，要从头开始！”这话无异于晴天霹雳，我方一时难以提出反驳意见，谈判陷入僵局。我方代表愣住了：没想到对手一来就是一个下马威，目的是以嚣张气

焰逼迫我方败下阵来，以答应他们提出的条件。可是，对手也不过是虚张声势而已，放弃秦皇岛并不是他们的真实意图，他们真正的意图是以最少的代价征用秦皇岛的土地。想清楚对手的真实意图后，我方代表心生一计。

我方代表猛地起身发言："我们为了建设这个化肥厂，安置了……看来这事项要无限地拖延下去了，那我们也只好把这块地让出去了！对不起，我还有别的事情需要处理，我宣布退出谈判，今天下午我等候你们最后的决定！"30分钟后，情势逆转，对方表态："快请代表先生回来，我们强烈要求迅速征用秦皇岛的厂地！"

这次谈判最终取得成功的秘诀在于，我方代表识破了对手的真实意图：他们不敢真正地舍弃秦皇岛这个占据优势的地理位置。于是，我方代表巧妙应付，向对手表示"那我们也只好把这块地让出去了"，没想到，这样一说，真的吓坏了对手，一下子击中了对方的要害，令其不得不屈服。

在谈判过程中，我们要灵活使用心理战术，以此来识破对手的真实意图，如此才能抢得先机，才能赢得谈判的最后胜利。

1. 以静制动

在谈判中，以静制动，就是静非不动，敌不动我不动，静观其变。在双方的对峙中，需要以静制动，你若按捺不住，四处乱动，那么，你的胜算就会少之又少；如果你能以静制动，那么，在与对手的周旋过程中，就能逐渐化自己的劣势为优势，而且，在这等待的过程中，你能够通过其表现出来的言行识破对手的真实意图，这样，对手就处于不利地位了。

2. 以退为进

在谈判过程中，若是紧紧相逼，非但不能识破对方的真实意图，反而会使自己陷入难堪的境地。因此，我们需要懂得退让，另外，让步不能一步到位，而应该一步一步地退让，而且让步也不能太早，过早地让步往往会导致己方悔之不已。但是，若关键时刻不肯让步，也容易导致谈判的失败。大多数情况下，当对方已经到了让步的最后阶段，我们可以适当作出让步，让谈判得以顺利进行。

在让步之前可以作一些假设性提议，试探对方。比如："如果我们把价格降低5%，您能确定和我们签约吗？"这样不至于让你受到约束，也可以帮助你识破对方的真实意图。

俗话说："知己知彼，百战不殆。"在一番心理较量中，如果我们能有效地识破对手的真实意图，那么无疑为整个谈判成功赢得了最佳的机会。必要的时候，我们可以利用对方的"底牌"给予适当的压力，这会令对方更容易作出决定。所以，面对对手，我们要有信心去打好一场心理战，以此达到自己的谈判目的。

巧妙寒暄，赢得对方信任

在正式谈判开始之前，双方所进行的就是寒暄、入座。有的人认为这不过是最简单的程序——不就是打个招呼，彼此入座吗？其实这样简单考虑的人往往会在这上面吃亏。谈判尚未开始，那意味着整个谈判的基调都将从这里开始，气氛是缓和

还是紧张，全靠那几句寒暄。高明的谈判者往往会以简单的几句寒暄奠定良好的谈判氛围，而那些缺乏好口才的谈判者则通常是一两句寒暄就让整个场面变得尴尬。因此，在谈判正式开始之前，谈判者要善于说几句好的寒暄，积极营造和谐愉快的氛围。我们所说的寒暄，也就是打招呼，这是人与人之间建立语言交流的方法之一。得体的寒暄，会让陌生的人相互认识，让不熟悉的人变得熟悉，让冰冷的气氛变得活跃起来，更为双方进行深入的交谈架设一座桥梁，从而达到顺利沟通的目的。

谈判气氛是谈判对手之间的相互态度，它可以影响谈判人员的心理、情绪和感觉，从而引起相应的反应。可以说，谈判气氛对整个谈判过程具有十分重要的影响，其发展变化将直接影响整个谈判的结果。比如，相对热烈、积极、合作的气氛会将谈判朝着达成一致协议的方向推进。在谈判一开始，假如我们能说几句妙语，那就会让双方有一种“有缘相知”的感觉，这样一来，彼此都愿意有好的合作，都愿意在合作中共同受益。可以说，谈判中控制住了谈判开局的气氛，就等于在某种程度上控制住了谈判对手。

中国一家彩电生产企业准备从日本引进一条生产线，于是与日本一家公司进行了接触。双方分别派出谈判小组就此问题进行谈判。

谈判当天，当双方谈判代表刚刚就座，中方的首席代表王副总经理就站了起来，他对大家说：“在谈判开始之前，我有一个好消息与大家分享，我的太太在昨天夜里为我生了一个大胖儿子！”这话一出，中方职员纷纷站起来向他道喜。

在这种热烈气氛的带动下，日方代表也纷纷站起来道贺。

整个谈判会场的气氛顿时高涨起来，谈判进行得很顺利。中方企业以合理的价格顺利地引进了一条生产线。

在谈判过程中，这个王副总经理为什么要提自己太太生孩子的事情呢？原来，这位王副总经理通过与日本企业的以往接触发现，日本人总是板着面孔谈判，这很容易给作为谈判对手的自己造成一种心理压力，以致使对方控制整个谈判，便于其趁机抬高价格或提出更多的条件。于是，王副总经理便想出了以自己的喜事来打破对手的冰冷面孔的办法，成功营造出一种有利于自己的热烈气氛。

东南亚某个国家的华人企业想要为日本一著名电子公司在己方当地做代理商，双方几次磋商均未达成协议。在最后的一次谈判中，华人企业的谈判代表发现日方代表喝茶取茶杯的姿势十分特别。于是，他说："从您喝茶的姿势来看，您十分精通茶道，能否为我们介绍一下？"没想到，这句话正好点中日方代表的兴趣所在，于是他滔滔不绝地讲起来。结果，后面的谈判进行得异常顺利，那个华人企业终于拿到了它所希望的地区代理权。

我们要在正式开始谈判前就努力营造良好的谈判氛围，因为轻松愉悦的气氛可以缓解谈判中的紧张情绪，增进人们之间的感情。在良好的氛围下，人们更容易被尊重，也更容易获得支持与关注，从而更容易达成一致协议。

1. 语言尽量委婉含蓄

不管你所需要达到什么样的谈判目标，在与对方交谈时都要尽量使用含蓄委婉的语言，以和为贵，力图为后面谈判的顺利进行营造良好的氛围和条件。有的人一见面就直言直语，心中的喜怒情绪暴露无遗，若是在这时说了一些破坏气氛的话，

那肯定会对整个谈判造成极为不利的影响。

2. 态度要诚恳

作为谈判的一方，在正式谈判之初，你需要通过语言表达出内心的诚恳，表示自己很愿意达成最后的协议，希望本次谈判能取得好的结果。对方只要感受到了你态度的诚恳，一般都会以同样的态度对待你，这样和谐融洽的氛围就有了。

3. 问候型寒暄

问候型寒暄语又分为典型问候型、古典问候型、传统意会问候型。

（1）典型问候型

通常，典型的问候就是问好，常常会说“你们好”“大家好”等。这是典型的寒暄语，也是人际交往过程中最常用的一种问候语。在最近几年的人际交往中也开始流行英文化的问候方式，如“嗨”“哈啰”。

（2）古典问候型

古典的寒暄语具有古代的文化色彩，如“幸会”“久仰”等。这样的寒暄语书面风格比较鲜明，通常用于比较正式、庄重的场合，而在一般的日常交际中用得比较少。假如我们不顾当时情境的实际情况，自顾自地说“久仰久仰”，那很可能会引起对方的反感。

（3）传统意会问候型

传统意会的寒暄语指的是一些貌似提问、实际上却是表示问候的招呼语。如“上哪儿去呀”“吃过饭了吗”“怎么这么忙啊”等。在人际交往中，这样的语言并不是提问，而是见面时交谈开始的寒暄语，对方并不需要回答。当然，这样的寒暄语常用于较为熟悉的人之间。

4. 关照型

关照型寒暄主要是在寒暄时积极地关注对方的各种需求，在寒暄过程中不露痕迹地解决对方的疑问或疑难。在人际交往中，对方的需求可能是生活方面的，更多的是心理感受方面的。假如我们在寒暄中可以针对性地关注这些方面的问题，就可以在一定程度上解除对方的某些必要的或不必要的担心，从而有效地活跃应酬的气氛。

5. 攀认型

攀认型寒暄，也就是抓住双方共同的亲近点，并以此为契机进行发挥性问候，从而达到与对方顺利接近的目的。我们在与他人接触的时候，只要留心，很容易就能发现自己与对方有着这样或那样的共同点，如“老乡”“自己喜欢的地方”“自己向往的地方”等，这时就是与对方攀认的好时机；也可以制造出与对方“沾亲带故”的关系，比如，“大家都是四川人，我母亲出生在四川，说起来，我们算是半个老乡了”。

讲好开场白，抢占先机

在谈判活动中需要有精彩的开场白，出口不凡的开头能唤起听众的兴趣和求知欲，产生巨大的吸引力，从而紧紧抓住对方的心，让对方欲一听为快。另外，精巧的开场白，可以画龙点睛地勾勒出话题的主旨，能自然顺畅地引领下文，将对方带进声情并茂的讲话情景中去，造成有利于对方接受说话内容

的心理定式。在谈判中，一个好的开场白是很重要的，假如没有一个好的开场白，想在整个沟通过程中始终保持轻松、巧妙的状态是很不容易的。一个深谙谈判的人，会很重视说话的开场白。其实，原因很简单，开场白是我们向对方发出的第一个同时也是最重要的信号，是否能以适宜的开场白抓住对方的兴趣、引发他们听的兴趣以及打开彼此的陌生感，就取决于这最初发出的信号。

一位监考老师在监考开始时说："同学们，考试就要开始了。大家都是久经沙场的老将，对考场纪律、考试规则可以倒背如流，我就不再重述了。我作为一名监考者，既是一名服务员，又是一名裁判员。我将给大家提供最佳的服务，只要你举起一只手，一定回应'我来了'，不敢有丝毫的怠慢；但裁判员的身份又要求我是公正的，望我们互相关照，并请大家原谅我的公正和严厉。最后祝大家考出优异的成绩。"

这段开场白说得非常美妙，一方面，犹如和煦的春风，使学生紧张恐惧的心情平静下来，从而进入最佳的心理状态；另一方面，又沟通了监考教师和学生的心，二者之间对立的情绪顿时烟消云散，使学生树立起自觉遵守纪律的主人翁意识。

抗战期间，著名的作家张恨水在成都中央大学即席讲话时说道："今天，我这个鸳鸯蝴蝶派的作家到大学来演讲，感到很荣幸。我取名'恨水'不是什么情场失意，而是因为我喜欢南唐后主李煜的一首词《乌夜啼》中的'恨水'二字，我就用它做了笔名。"

这种开场白把自己的文学流派、性格、爱好，毫不隐瞒地介绍出来，给人留下一种真诚、坦率的印象，让人听了生出一种莫名的好感，从而达到很好的破冰效果。

一位漂亮的女郎在首饰店的柜台前看了很久。售货员问了一句：“这位女士，您需要买点儿什么？”“随便看看。”女郎的回答明显缺乏足够的热情。不过，售货员发现这位女士总是有意无意地触摸自己的上衣，好像对自己的上衣很是满意，售货员忍不住说：“您这件上衣好漂亮呀！您的眼光真不错。”一下子就将话题拉到了对方身上。果然，“啊？”女郎的视线从陈列品上移开了，移到了自己感兴趣的上衣上面，“这种上衣的款式很少见，是在隔壁的百货大楼买的吗？”售货员满脸热情，笑呵呵地继续问道。

“当然不是，这是从国外买来的。”女郎终于开口了，并对自己的回答颇为得意。“原来是这样，我说在国内从来没有看到这样的上衣呢！说真的，您穿这件上衣，确实很吸引人。”“您过奖了。”女郎有些不好意思了。“只是……对了，可能您已经想到了这一点，要是再配一条合适的项链，效果可能就更好了。”聪明的售货员顺势转向了主题。“是呀，我也这么想，只是项链这种昂贵商品，怕自己选得不合适……”

在案例中，首饰店自然是卖首饰的，而首饰自然是作为服饰搭配的。在整个与顾客交流的过程中，售货员很细心地去观察对方，而且巧妙地将话题引入寒暄之中，如“这位女士，您需要买点儿什么”，当听到顾客爱理不理的回答“随便看看”时，售货员并没有泄气，而是适时说了一句寒暄语：“您这件上衣好漂亮呀！您的眼光真不错。”显而易见，称赞对方的上衣，肯定是希望对方能挑选一件首饰作为服饰的搭配。这样的寒暄恰到好处地将对方引进了话题中。当然，最后这位售货员

成功达到了自己的目的。

开场白是指见到对方以后的第一次谈话，好的开场白对于树立良好的印象十分重要。说话看起来很简单，但是要真正地做到有一个良好的开场白并不容易。如何作好开场白对我们而言是一个不小的挑战，这是因为在与对方交谈的时候不是简单地介绍自己，而是首先要与对方建立良好的人际关系。良好的开场白可以营造一个轻松、愉快的环境，有利于我们与他人之间建立良好的人际关系。

那么，在日常交际中，我们如何选择精彩而吸引听众的开场白呢？你可以采用下面几种方式。

1. 顺手拈来式

顺手拈来式，就是接过别人的话头，顺势发表讲话。这样的开场白可以连接前一位发言者的说话，也可以顺势发表自己的见解。但是，需要找到前面发言者和自己所讲话题的切合点，这样才能巧妙地使用。

2. 自我贬抑式

自我贬低式的开场白，也可以使气氛更轻松活跃。开场白虽然采用自我贬抑方式，但效果正相反，不但表现了说话人的坦率幽默、机智随和，而且备受听者的欢迎。

3. 自我介绍式

自我介绍式即开头自我介绍，可以介绍自己的姓名、身份、职业、经历、爱好或表明自己的立场观点。这种开头形式给人一种诚挚、坦率的感觉。

4. 开门见山

开门见山就是一开始就用高度凝练的语言把基本的目的和

主题告诉听者，引起他们想听下文的欲望，然后再在主题部分加以详细的说明和阐述。这是一种提携纲领式的手法，立即进入正题，不迂回、不啰唆，不要任何赘言。

选择对方感兴趣的话题

卡耐基说："即使你喜欢吃香蕉、三明治，你也不能用这些东西去钓鱼，因为鱼并不喜欢它们。你想钓到鱼，必须下鱼饵才行。"简单地说，在实际谈判中，当我们在与对方进行语言交流的时候，需要"忘记"自己的兴趣与爱好，用对方的兴趣和爱好来展开话题，这样会使彼此之间的沟通更加顺畅。在谈判过程中，谈论对方的兴趣与爱好，能让对方感觉到受重视、受尊重，有利于我们赢得对方的好感与信任。许多人习惯于谈论自己的兴趣与爱好，从来不考虑对方的感受，这样的人永远不会得到对方的认同。切记，赢得对方好感与信任的诀窍在于，用他人的兴趣与爱好来展开话题，谈论他最感兴趣的事情，这样才足以赢得对方的信任。

阿美是一家房地产公司总裁的公关助理，奉命聘请一位著名的园林设计师为本公司的一个大型园林项目担任设计顾问。但这位设计师已退休在家多年，且此人性情清高孤傲，一般人很难请得动他。

为了博得老设计师的欢心，阿美在正式拜访之前作了一番调查，她了解到老设计师平时喜欢作画，便花了几天时间读了几本中国美术方面的书籍。这天，她来到老设计师家中，刚开

始，老设计师对她态度很冷淡，阿美就装作不经意地发现老设计师的画案上放着一幅刚画完的国画，边欣赏边赞叹道："老先生的这幅丹青，景象新奇，意境宏深，真是好画啊！"一番话立即使老设计师感到一种愉悦感和自豪感。

接着，阿美又说："老先生，您是学清代山水名家石涛的风格吧？"这样，就进一步激发了老设计师的谈话兴趣。果然，他的态度转变了，话也多了起来。接着，阿美对所谈话题着意挖掘，环环相扣，使两人的感情越来越近。最后，阿美成功说服老设计师出任其公司的设计顾问。

人类最深层的驱动力就是希望具有重要性，而且，一个人的兴趣与爱好是其人生中最看重的一部分，他希望自己的兴趣与爱好能够得到别人的认同与肯定。一旦你在谈话中巧妙地说到了他的兴趣所在，他就会转变之前的冷淡态度，滔滔不绝起来，在自己感兴趣的事情面前，任何人都会被激起一种谈话的欲望。所以，如果你想让对方对你的谈话感兴趣，那就应以对方的兴趣来展开话题，这样才能有效地博得对方的好感，令之后的沟通畅通无阻。

在谈判活动中，双方的沟通最忌讳彼此沉默不语，或者一方总是一副爱搭不理的样子。那么，如何打开对方的话匣子呢？最好的方法就是先从对方的兴趣谈起，这样会使整个谈话过程变得愉悦而畅快。我们可以通过提问这样的方式深入了解对方的心理需求、心理动机以及他感兴趣、关心的事情，顺势展开话题，如此一来，对方就会侃侃而谈。

1. 找到对方的兴趣点

每个人都有自己的兴趣点，因此，在谈判过程中，我们要想办法找到对方的兴趣点。可以在与对方交谈之前做好准备工作，了解对方有什么兴趣爱好；也可以通过自己的观察或提问来获知对方感兴趣的事情。

2. 话题先从对方的兴趣说起

在谈判过程中，为了获得更多有关对方的信息，同时也为了满足其自尊心，我们需要让对方尽可能地多说话。所以，话题要先从对方的兴趣说起，这样顺势展开的话题会利于整个沟通的顺利进行。

言简意赅，点明主题

那些会说话的谈判者之所以会获得成功，并不在于他说了多少话，而在于他说的话在理。在日常生活中，我们常说“话不在多，而是要在点子上”，意思是说，一个人说话不应求多，而是要说到点子上，只要你说的话有道理，哪怕你只说了一句话，也能达到很好的沟通效果；相反，如果你说的话不在点子上，哪怕你说了上百句，也有可能达不到真正的沟通效果。在许多谈判场合，我们经常看见有的人喋喋不休、滔滔不绝，可说来说去也没有哪句话能占理，结果可想而知——不但不能令双方达成一致的意见，还会伤了彼此间的和气。而且，有的人根本就是无理取闹，由于说不过对方而恼羞成怒，不管是不是在理都乱说一通，他这时的目的已经不在于沟通，而在于发泄怒气，当然，最终的结果是自己亲手建筑了彼此之间的“隔阂”。

有一次，王娟和几位朋友带着孩子在一起吃饭，席间谈到了早恋的话题，一个朋友的儿子已经是初二的学生了，王娟便开玩笑地问那个孩子：“你有没有女朋友？”没想到，那小伙子很直白地回答：“没有女朋友多让人瞧不起啊！”听到这话，王娟想到了自己正在上初一的儿子。

在回家的路上，王娟决定与儿子好好沟通关于早恋的事情，她苦思冥想该怎么问这个问题，太直白了怕孩子受不了，太委婉了又不知道从哪里入手，结果，想了半天也没有想出什么好主意。

回到家后，王娟假装无意地和孩子聊起了学校的事情，她问道：“你们班的学习风气怎么样啊？”孩子回答说：“就那样呗！”王娟干脆直接进入正题，问道：“噢，是这样！那……那你们同学有没有因为搞对象而影响学习的？”孩子说：“啊？有吧！具体我也不太清楚，人家搞又不告诉咱！”王娟故意开着玩笑，问道：“噢，那……那……你有没有搞啊？”孩子轻松地回答说：“没有，不用担心。”王娟不太相信，试探地问：“那有没有女同学给你写字条啊？”孩子有点儿不耐烦了，说道：“没有啊！怎么会有呢！你烦不烦啊，老问这个！”王娟也不知道该说什么好了，干脆和孩子讲起了大道理，什么早恋会很耽误学习的，而且，初恋成功的比率是很低的，你现在不成熟，所以现在看上的以后会不满意的。孩子看起来很听话地点了点头。就这样，一场谈话艰难地结束了。

在整个谈话过程中，妈妈的话比较多，而孩子总是三言两语就回答了。本来，当家长的是想告诉孩子一些道理，可是，由于话太多，虽然句句在理，却没一句让孩子听进去，这样的沟通只能说是失败的。在生活中，经常会出现这样的情况：父母说很多的话，孩子却表示“我不懂你在说什么”，原来，在孩子看来，父母说的那些所谓的大道理根本就没说到点子上，孩子根本就听不进去。对此，不妨试试简单地讲道理，话不在多，而在重点，只要你说的话真的有道理，对方一定会听进去的。

吴先生是广州某地区有名的房地产大亨，资产逾十亿。有一年他带着自己的团队从广州飞往某大城市，准备投资当地的房地产，到处寻找合作伙伴。

在经过一段时间的筛选后，吴先生约了一大型房地产企业的负责人进行谈判。当双方坐在谈判桌前时，那位负责人立即对自己的公司作了较为详细的介绍，表现得精明能干。而且，他通晓市场行情，这令吴先生颇为欣赏。听了那位负责人对合资企业的宏伟计划后，吴先生似乎已经看到了合资企业的光辉前景。吴先生正准备签约的时候，那位负责人似乎还言犹未尽，他又颇为自豪地侃侃而谈：“我们房地产公司拥有一千多名职工，去年共创利税五百多万元，实力绝对算是雄厚的……”

听到这里，吴先生显得有点儿不悦，心想：你公司一千多人才赚了几百万元，就显得那么自豪和满意。吴先生感到非常失望，这离自己预定的利润目标差距太大了。如果选择这样的负责人经营公司，势必难有较高的经济效益。于是，吴先生当即决定终止合作谈判。

在日常生活中，我们经常可以看到，有的人总是喋喋不休、滔滔不绝地高谈阔论，但由于其语言缺乏逻辑性和针对

性，没有把话说到点子上，因此显得词不达意、语无伦次，让旁边的人听而生厌；还有的人说话毫无逻辑，一会儿说在这里，一会儿说到那里，说什么话都不经过仔细思考，显得很没分寸。其实，这样说话往往会事倍功半，不仅达不到沟通的目的，还会给沟通带来阻碍。

1. 言在理

一句话听上去是否有理，就看这句话是否有逻辑性。一般而言，那些有逻辑性的话语大多能清楚地表达一定的意见。而语言是否有逻辑性，就在于我们能不能清楚地将意思表达出来。因此，说话要有理，要利用语言准确、清楚地表达自己的思想，这样，我们思维的逻辑性也将得到提高。

2. 言有重点

在生活中，一些领导人在说话的时候一般会采用“一”“二”“三”，其实，这样分点叙述只是说话逻辑性的一个表象，并不能完全代表这个人说话有逻辑性。说话有逻辑，是表明你说话有一个中心，然后你所说的其他话都是围绕这个中心进行的，没有其他的枝叶。所以，说话之前应该把自己要说什么、先说什么后说什么、重点说什么等都在脑子里快速地整理好。这样，时间长了，你说话就会观点清晰，富有逻辑性。

3. 言要在刀刃上

说话要有针对性，也就是要将话说到点子上。在语言交际中，为了建立良好的交际关系，为了打动对方，话不在说得多，而在说到点子上。因此，我们在开口之前，应该让自己的舌头在嘴里打几个转，把那些多余的废话转掉，只说那些简单明了的话。要做到一开口就往点子上说，千万不要东拉西扯，让对方不知所云。

有些话不宜开口说

寒暄，是我们天天都在做的事情，但善于寒暄，能准确、清楚地表达自己的意图，使对方乐意接受，则是一件不太容易的事情。心理学家理查得·班得勒说过，当你对他人说话时，你不是想给他传递信息，就是想改变他；但在这个过程中，对方是否会接受你的意思，你的谈判目的是否能够达到，则又是另外一回事了。其中的症结点在于你是否说了禁忌的语言或者把话题置于危险的境地，这将会直接导致沟通的成与败。生活中，许多人在谈判开局寒暄时不经大脑思考，常常“语出惊人”，踏入“雷区”，最后导致整个谈判的失败。实际上，善于寒暄并不是一件简单的事情，那意味着你所说的话能够令对方乐意接受；而且，寒暄中的禁忌是不能触犯的，否则，你的寒暄将宣告失败。

清朝时，一位新上任的县令，初次去拜见上司，想不出该说什么话。沉默了一会儿，他忽然问道：“大人尊姓？”这位上司看上去很吃惊，勉强说了姓某。县令低头想了很久，说：“大人的姓，百家姓中所没有。”上司脸色惊异，说：“我是旗人，贵县不知道吗？”县令又站起来，说：“大人在哪一旗？”上司说：“正红旗。”县令说：“正黄旗最好，大人怎么不在正黄旗呢？”上司勃然大怒，问：“贵县是哪一省的人？”县令说：

“广西。”上司说：“广东最好，你为什么不在广东？”县令吃了一惊，这才发现上司满脸怒气，于是赶快走了出去。不久，这位县令便被借故免职了。

上面这个案例中，正是这位县令屡屡触犯寒暄禁忌，口无遮拦，才会引得上司大发脾气，自己也被免职。其实，从一开始，面对县令所问的“大人尊姓”，上司就显得很不高兴了，勉强才说出了自己的姓氏。可那县令不懂察言观色，仍自顾自地说下去，终于触碰了上司的底线，而自己也落得被罢免的结局，这就是触碰寒暄禁忌所带来的严重后果。

古代有一个国王，一天晚上做了梦，梦到自己满嘴的牙都掉了。第二天，他就找了两位解梦的人。这两人来了后，国王就问道：“满口牙怎么全掉了，到底是怎么一说？”第一个解梦的人说：“国王，在你所有的亲属都死去以后，你才能死，一个都不剩。”这国王一听，非常不高兴。第二个解梦人这样说：“至高无上的国王，您将是您所有亲属当中最长寿的一位呀！”大家看一看，同样的内容，同样的事情，两个人就有两种不同的说法。第一个把国王说生气了，国王龙颜大怒，杖他一百棍；然后，国王拿出100个金币，奖给第二位解梦的人。

上面这个案例中，同样的一件事情，两人表达的同一个意思，为什么一个挨打，一个却受赏呢？分析他们所说的内容，我们就可以明白。在沟通过程中，往往会因为一两个“危险词语”而使整个话题都处于危险的境地。第一个解梦的人话里出现了“死”这样的危险字眼，而且不止出现一次；第二个解梦的人却从另外一个角度巧妙地解释为“长寿”。于是，两人话里的字眼不同，最终两人的待遇也千差万别。

在谈判过程中，有一些话题是寒暄的“雷区”，谈判者稍有不慎就会“粉身碎骨”，所以，我们在寒暄时应该尽可能地避开这些危险区，避开一些敏感、危险的禁忌词汇，这样才能促使沟通顺利进行。

1. 避开隐私

隐私就是不可公开或不必公开的某些事情，有可能是缺陷，有可能是秘密。因此，我们在进行语言交流的过程中，要避开彼此的隐私，这既是一种礼貌，同时也可以很好地保护话语的“安全性”。

2. 切勿不懂装懂

我们并不是万能博士或者百事通，即使自己知识渊博，也总有一些地方不如人，总有不懂的一些知识。因此，无论是面对有教养有知识的人，还是面对一个目不识丁的人，我们都应该谦虚谨慎，不可妄发言论。

3. 避开忌讳

在谈话过程中，我们需要避开一些忌讳，如关于“死”的避讳语，“棺材”“寿材”等；对方的生理缺陷，如“残疾人”；对一些不可公开的事物行为，如“大小便”等。

4. 忌粗口秽语

在交流过程中，我们需要避开粗口秽语，使用文明的语言。言语粗鄙是最无礼的，而且，有可能为自己带来一些不必要的麻烦。

第3章

有效倾听，获取信息占据先机

谈判并不是言语的较量，也并非为了逞口舌之快。智慧的谈判者并不是滔滔不绝只顾自己说话的人，他们更深谙另外一种沟通方式——倾听。谈判中的倾听，不但能让你详尽地了解对方，还能令你免于自我暴露信息，从而助你赢得谈判最后的成功。

少说多听，让对方透露更多信息

在日常谈判中，记住，永远留给对方过多的说话时间，没有人喜欢滔滔不绝的“话匣子”。社会心理学研究发现，27%的沟通不成功都源于一方话多、而另一方无语的尴尬局面。现代社会，尤其是许多年轻人，为了让别人接受自己的观点和意见，总喜欢侃侃而谈，有的人甚至会口若悬河，却不知这种无休止的谈话只会让别人心生厌恶。而在商务谈判中，我们需要做的就是让对方多说，给对方说话的机会，让自己成为听众，这样我们才能从其谈话中获知更多的信息。

有一个经营印刷业的老板，在经营多年之后萌发了退休的念头。他之前从美国购进了一批印刷机器，经过几年使用后，扣除磨损费应该还有250万美元的价值。他在心中打定主意，在出售这批机器的时候，一定不能以低于250万美元的价格出让。有一个买主在谈判的时候，针对这台机器的各种问题滔滔不绝地讲了很多缺点和不足，这让印刷业的老板十分恼火。但是他在刚要发作的时候，突然想起250万美元的底价，于是又冷静了下来，一言不发，看着那个人继续滔滔不绝。结果到了最后，那人再没有说话的力气，突然蹦出一句：“嘿，老兄，我看你这个机器我最多能够给你350万美元，再多的话我们可真是不要了。”于是，这个老板很幸运地比原计划多卖了整整100万美元。

正所谓“静者心多妙，超然思不群”。一些习惯于滔滔

不绝的人往往是最沉不住气的人，一旦遇到冷静的对手，他们就最容易失败，因为急躁的心情让他们没有时间考虑自己的处境，也无法静下心来思考有效的对策。而在上面这个案例中，那位啰唆不停的买主正好中了老板无意设下的“陷阱”，不等对方发言，就迫不及待地提出建议价格，等于自己拿空子让别人钻。

有时候，一言不发比说话多更有效，它能起到滔滔不绝完全达不到的效果。

1. 对方说得越多，所暴露的信息就越多

著名作家大仲马说过：“不管一个人说得多好，你要记住，当他说得太多的时候，终究会说出蠢话来。”我们每个人都应牢牢记住这句至理名言，要善于制造机会让对方多说，对方说得越多，所暴露的信息也就越多。

2. 善于从对方的言语中挖掘有价值的信息

对方在说的时候，我们要善于倾听，并从其所透露的言语中挖掘出有价值的信息。通常情况下，当一个人侃侃而谈的时候，其言语背后是隐藏着许多秘密的，也就是说其言语中隐藏着一些有价值的信息。

认真聆听，主动掌握时机

西方有一句谚语：倾听是最高的恭维。英国学者约翰·阿尔代说：对于真正的交流大师来说，倾听和讲话是相互关联的，就像一块布的经线和纬线一样。当他倾听的时候，他站在他同伴心灵的入口；而当他讲话时，他则邀请他的听众站在通往他自己思想的入口。生活中，我们经常会遇到这样的事情：当一个遭遇烦恼的朋友找自己倾诉时，我们只需要认真听他讲话，他讲完后，心情就会平静很多，甚至不需要我们做任何事情来帮助其恢复平静。

在一次推销中，乔·吉拉德与客户洽谈顺利，眼看就要签约成交的时候，对方却突然变了卦——快进笼子的鸟儿飞走了。

当天晚上，按照客户留下的地址，乔·吉拉德找上门去求教。客户见他满脸真诚，就实话实说："你的失败是由于你没有自始至终听我讲的话。就在我准备签约前，我提到我的独生子即将上大学，而且提到他的运动成绩和他将来的抱负。我是以他为荣的，但是你当时没有任何反应，还转过头去和别人讲电话，我一恼就改变主意了！"

这一番话重重地提醒了乔·吉拉德，使他领悟到"听"的重要性，让他认识到，假如不能自始至终倾听对方讲话的内容、认同客户的心理感受，就会失去自己的客户。以后再面对客户时，他就十分注意倾听他们的话，不管是否和他的交易有关，都给予充分的尊重，这使他收到了意想不到的效果，并助他成为一名推销大师。

在谈判过程中，占据主动权的一定是会说的人吗？不一定。有时候，能够把控沟通主方向的人往往是一些善于倾听的人。卡耐基说："对和你谈话的那个人来说，他的需要和他自己的事业永远比你的事重要得多。在他的生活中，他要是牙痛，要比发生天灾数百万人伤亡的事情还要重大；他对自己头上小疮的在意，要比对一起大地震的关注还要多。"因此，我

们必须学会善于利用我们的耳朵，做一个善于倾听的人，并牢牢地掌握住沟通的主控权。

还有一次，乔·吉拉德拜访了一个有趣的客户，一开始，客户就喋喋不休地谈论自己的儿子，他十分自豪地说："我的儿子要当医生了。"乔·吉拉德惊叹道："是吗？那太棒了！"客户继续说："我的孩子很聪明吧，在他还是婴儿的时候，我就发现他相当聪明。"乔·吉拉德点点头，回应道："我想，他的成绩非常不错。"客户回答说："当然，他是他们班上最棒的。"乔·吉拉德笑了，问道："那他高中毕业打算干什么呢？"客户回答："他在密歇根大学学医，这孩子，我最喜欢他了……"话匣子一打开，客户就聊起了儿子在小学、中学、大学的趣事。

第二天，当乔·吉拉德再次打电话给那位客户时，被告知他已经决定在乔手中买车，客户的原因很简单，他说："当我提起我的儿子有多令人骄傲的时候，他是多么认真地听。"

或许，有人错误地理解多说话才能掌握谈判的主动权，其实，多说话反而会给我们带来很多负面的影响。多说有可能会使他人对你产生戒心，认为你有某种企图；说得太多，他人会对你敬而远之，因为他没有义务当你的倾诉桶；况且，说得多了，难免会出错；有时候，说得太多，暴露的信息太多，就会被别人看穿。所以，做一个懂得倾听的人，你会赢得比别人更多的机会，获取更多的信息，这将使你更容易把握沟通的主动权，更加有效地打动人心。

1. 倾听会让你受益

布里德奇说："学会了如何倾听，你甚至能从谈吐笨拙的人那里得到收益。"倾听并不是没有任何意义的随声附和，一个优秀的倾听者可以从说话者那里获取大量的信息，赢得对方的青睐，达到打动人心的目的。

2. 掌握倾听的技巧

倾听也是有技巧的，除了听之外，还需要适时地重复对方话语中的关键字眼。当然，倾听比说话更需要毅力和耐心，假如你只是埋头玩自己的手机，或者把头瞥向一边，这样无疑会打击说话者的积极性。

3. 倾听是沟通的前提

只有听懂了别人表达的意思的人才能沟通得更好，倾听是沟通的前提，先听懂别人的意思，再表达出自己的想法和观点，才能更有效地沟通。同时，只有听懂了别人的意思，我们才有机会掌握沟通的主动权，如此，才更容易打动人心，达到谈判的目的。

揣摩对方言语的真实性

一般来说，喜欢说谎的谈判者都很善于掩饰自己，因为每一个说谎者都希望自己能够成功地欺骗他人。其实，只要你细心地观察，就能从对方的言行举止中发现谎言的秘密。对此，我们需要悉心观察，识破对方话语的虚实。因为，即便是最高明的说谎者，也会出现“百密而有一疏”的情况。通常情况下，说谎者不外乎就是把自己的谎言掩藏在言行举止中，我们只要掌握一些辨别谎言的技巧，就能清楚地判断出对方是否在说谎。在日常沟通中，对方往往会将自己的真实内心包裹起

来，而呈现在我们面前的是一张虚假的面具。

那么，说谎者经常用到的掩饰方式有哪些呢？下面我们就简单地介绍几种说谎者常用的方式，助你洞悉对方话语的虚实。

1. 撒谎的人喜欢触摸自己

心理学家发现，那些说谎者在撒谎时总会下意识地抚摸自己身体的某些部分。其实，说谎者在撒谎时越是想掩饰自己的内心，越会因为这些细微的动作而暴露无遗。我们对那些说谎者进行仔细观察之后会发现，他们在撒谎时会借助一些身体语言。比如，触摸自己或身上的衣物，掩口、摸鼻子，或者不断地拉扯自己的衣角等。

掩口：说谎者为什么会想要捂住自己的嘴巴呢？这是由于说谎者的大脑潜意识使他不想说那些骗人的话而导致的下意识动作，如此细微的举动可谓是“欲盖弥彰”。另外，当我们在谈论某些事情的时候，如果对方捂住了嘴巴，这表示着他对你所说的话并不感兴趣，只是不愿意当面表现出来而已。

摸鼻子：有的说谎者在撒谎时会摸自己的鼻子，有可能他们本来是想捂住自己的嘴巴，但觉得这样的举止不太合适，于是在鼻子上摸几下，以此来掩饰自己捂嘴的动作，其目的就是掩饰自己在撒谎。不过，并不是所有摸鼻子的人都在撒谎，一般而言，说谎者触摸鼻子的时间很短，而且力度很轻。

拉扯自己的衣角：通常情况下，说谎会引起人们心理上的不平衡，如此，就会导致交感神经功能的微妙变化。在那一瞬间，他们会下意识地拉扯一下自己的衣领或者衣角。这时候，如果你细心地观察，就会发现对方的情绪处于十分紧张的状态，随时都有可能会爆发出来。

2. 虚假的笑容

心理学家杰弗里·考恩说："我们可以说出每块肌肉动了多少次，它们是停留多长时间才变化的，对方的表现是真实还是伪装的。"真正的微笑，来得快，但消失得慢，因为微笑时牵动了鼻子到嘴角的皱纹，以及眼睛周围的笑纹。而说谎者一般都戴着虚伪的面具，因而，他们脸上所流露出来的笑容往往也是虚假的。在说谎的时候，那虚假的笑容就成为他们最好的伪装面具。如果我们的对手在撒谎，那么，我们可以通过对手的笑容来判断其心里的真实想法，因为说谎者脸上所挂的始终是虚假的笑容，他们的笑容没有办法牵动眼部的肌肉。

3. 表情的闪现

一般情况下，每个人维持一个正常的表情会有几秒钟的时间，它所呈现在脸上的时间既不会太长也不会太短。而对于一个说谎者来说，在他们伪装的脸上，真实的感情只会停留极短的时间。而且，大部分的说谎者会把自己伪装的面部表情维持或短或长的时间，一般而言，任何一种表情，如果持续的时间超过10秒钟或5秒钟，大部分都可能是假的。有的人会极力掩饰自己愤怒的表情，他们尽量使自己的表情呈现出一种相对稳定的状态，如面无表情；而有的人则恰好相反，他们会使自己伪装出来的表情长时间出现，如在整个谈判过程中都挂着虚假的笑容。

4. 脸色发红

面部是人们传递情感信息的最重要的部位。有的人在说谎时脸色会发红，如果有人将他的谎言识破了，他会显得更加紧张，这种紧张甚至会导致面部充血，使脸色皮肤呈红色。

当然，那些善于伪装的说谎者除了上面介绍的几种方式外，还会有其他一些表现，如平时沉默寡言，突然变得口若悬河；在谈话过程中露出惊恐的表情却强作镇定；说话时闪烁其词，口误比较多；对你所怀疑的问题，过多地一味辩解，装出很诚实的样子；精神恍惚，不敢与你目光接触。在日常交际中，只要你细心地观察对手的言行举止，就很容易判断出对方话语的虚实。

挖掘对方的兴趣点

在日常谈判中，人与人之间少不了要进行沟通，而沟通中话题是必不可少的。大量事实表明，一个人喜欢什么就会谈论什么样的话题，而那必然也是他在意的东西；反过来说，一个人所谈论的话题中必定有其感兴趣的东西。每个人都有自己的在意点，有的人喜欢旅行，有的人喜欢漂亮的衣服，有的人喜欢绘画，而无一例外的，他们的兴趣点都将隐藏在话题里，等待你去发掘。如果你能从细微处发现对方比较在意的东西，从对方所感兴趣的话题入手，那么，你就已经成功地识破对方的真实心理了。

在生活中，我们都有这样的经历，对于自己感兴趣的、比较擅长的话题，总是愿意去谈论。而这正是每一个人的心理状况，相比较一些生疏而无趣的话题，人们总喜欢谈论自己感兴趣的话题。由此推断，在正式沟通中，如果对方总是谈到一件事，那么，证明这件事本身对他很重要，或者，他的兴趣爱好就是此件事。

一次，曾国藩用完饭后与几位幕僚闲谈，评论当今英雄。他说："彭玉麟、李鸿章都是大才，为我所不及。我可自许者，只是生平不好谀耳。"一个幕僚说："各有所长：彭公威猛，人不敢欺；李公精敏，人不能欺。"说到这里，他说不下去了。曾国藩问："你们以为我怎么样?"众人皆低头沉思。这时，忽然走出一个管抄写的后生来，插话道："曾帅仁德，人不忍欺。"众人听后皆拍掌称是。曾国藩十分得意地说："不敢当，不敢当。"后生告退后，曾国藩问道："此是何人?"幕僚告诉他："此人是扬州人，有文化，办事还谨慎。"曾国藩听后说："此人有大才，不可埋没。"不久，曾国藩升任两江总督，就派这个后生去扬州任盐运使。

那个后生不过是一句话，就得到了曾国藩的赏识，同时，也改变了自己的命运，这真可以说是"一言定升迁"。为什么会出现这样的结果呢？其实，如果我们仔细观察，就会从话题中察出端倪。在一次闲聊中，曾国藩别的不聊，却聊到了"当今英雄"，所选择的话题的目的不言而喻。曾国藩本人统率几十万湘军，在当世也可堪称"英雄"，这样想来，他举动就是想让人夸赞自己一番。虽说曾国藩是中兴名臣，但终究也是常人，他也想听赞美的话，这是其兴趣之一。后生识破了曾国藩的心理，说"曾帅仁德，人不忍欺"，一语说到了曾国藩的兴趣点，由此，后生赢得了曾国藩的信任与好感。

在谈判过程中，彼此所谈论的主题可以透露对方的兴趣点。毕竟，一个人喜欢什么，他就愿意谈论什么，对自己不是很感兴趣的，他是不会侃侃而谈的。所以，在日常谈判中，我们要善于从交谈中"听"出对方的兴趣爱好，并适时把话说到

其心坎上，这样自然可以轻松赢得人心，从而顺利地赢得谈判的主动权。

1. 对方往往会较多地谈到自己在意的东西

如果一个人对一个话题侃侃而谈，而且越说越兴奋，那是因为他喜欢。因此，在谈判过程中，我们要善于观察和倾听，对于某件事情，对方越说越多，这表明这个话题中恰恰包括了对方所感兴趣的事情。

2. 试探性询问

当我们不知道对方感兴趣的东西是什么时，我们可以通过试探性提问来发掘对方的兴趣点，这样对整个沟通也是很有帮助的。假如我们既不知道对方感兴趣的东西是什么，也不愿意通过试探性的提问去挖掘，那么最后我们将在此次沟通中一无所获。

3. 谈判前收集较多的关于对方的资料

在谈判过程中，要想准确地了解到对方的兴趣爱好，不仅需要在交谈时作仔细观察，还需要在沟通之前做足功夫。例如，我们所要拜访的是一位美术老师，那可以确定他所感兴趣的一定是美术，绝不会是其他什么东西；即便美术不是他的爱好，他是因为生存需要才选择了进入美术这个领域，对他而言，美术也是他最熟悉的东西。只要我们细心准备一些谈话的资料，就可以在交谈过程中准确地知道他所感兴趣的东西了。

看懂肢体语言，读懂对方的内心

现代心理学的研究证明：一个人不经意间表现出来的小动作能够反映出他的真实性情，或者对别人所保持的态度以及意见。在日常谈判中，我们会发现，几乎每个人都有其特别的小动作，而这些不经意表现出来的小动作恰好能直接反映其真实性情。实际上，每一个人的小动作都隐藏着其内心的真实想法。在很多时候，一个人的肢体语言和他内心想要说的话并不一样，而这种肢体语言就是所谓的小动作。例如，在日常交流中，对方看起来很认真地在听，但是，在桌子的下面，他的手指在不停地反复敲击着。这样的小动作表示这个人的真实内心与他的表面的言谈举止是相反的，他一点也没有将心思放在这场交流上，心早不知道飞到哪里去了。因此，在生活中，如果我们能仔细观察他人的小动作，那么，我们就可以了解其真实的性情。

小白是一个话很多的人，经常逮着机会就与同事大侃起来，也不管对方愿不愿意听。对此，坐在他旁边的小李可就遭殃了，每次小白都会转过身来，兴致勃勃地说些自己碰到的趣事，小李虽说表面不好拒绝，但他总是不安地用笔杆敲打桌面，以此表达自己的意思。小白却是一个马大哈，他不明白小李为什么喜欢敲桌子，不过，他什么也不想，还是自顾自地说话。

有一次，小白碰到了学心理学的朋友。在聊到小动作的时候，小白突然想到了小李，他问道："当一个人总是用笔杆敲打桌面的时候，他心里在想些什么呢？"朋友回答说："这样的小动作，大多表示他对你所讲的话已经感到厌烦

了。”“啊？”小白恍然大悟，后来，在办公室里，他收敛了自己的个性，不再经常缠着小李说话了。

小白通过向自己学心理学的朋友询问，发现同事的小动作是想告诉自己：我对你所讲的话并不感兴趣。在我们身边，每个人都有那么几个常见的小动作，我们可以通过观察对方的一些小动作来发现他们对自己的意见。另外，一些心理实验表明，如果你与一个你很讨厌的人在一起，只会出现两种相对的反应：一是太随便，根本不在乎对方的想法；二是太拘谨，看起来无所适从，甚至不知道该把手放在哪里。而人们表现出来的不同反应，正好助我们可以揣测出对方的真实性情。

每个人都有心情不好的时候，特别是对于由别人造成的情况，人们会表现得更突出，乃至表现得烦躁不安。这些情绪除了通过面部表情及口头语言表现出来以外，还通过一些小动作显现出来。下面我们就介绍几种常见的小动作。

1. 喜欢用嘴咬住一些物品的人

有时候，我们会发现有的人喜欢用嘴咬眼镜腿、铅笔或者其他一些物品。这一类型的人我行我素，不喜欢受人管制。他们做出这样的动作，是想掩饰自己恶劣的情绪。在这种情况下，你千万不要上前搭话，以免加重其恶劣的情绪。但在有时候，这样的小动作也无法克制他们内心的不满情绪，他们的情绪有可能会进一步恶化，有可能在突然之间爆发出来。

2. 习惯用手拢头发的人

有的人喜欢用指尖拢头发、轻搔面部，或是把食指放在嘴唇上。这一类人性格比较开朗、乐观，虽然在面对生活或工作中的困难时也会出现失望、沮丧的心情，但是他们能在最短时间内调整好自己的心态，坦然面对一切，并致力于寻找解决问题的办法。

如果有人在你面前做出这样的小动作，那就表明他对你的谈话没有多大的兴趣，有点左顾右盼、漫不经心。他们或许正在思考自己的问题，并且认为你是在打扰他，但他们会碍于情面而不表露出来。

3. 喜欢两手互相摩擦的人

有的人习惯两手不停地摩擦。这一类型的人对自己充满了信心，喜欢挑战自我，并且在成功的路上敢于承担一定的风险。他们一旦决定去做某件事情，就会一直坚持下去，不会轻易改变主意和行动方向，所以他们在某些时候显得比较固执。而他们出现这种情况的时候，通常是其烦躁不安、心情郁闷的时候。

4. 习惯用手抚摸下巴的人

有的人习惯用手抚摸下巴或者抓着下巴。做出这样小动作的人大多比较世故圆滑，有较深的城府。他们这样不断地抚摸下巴只是想使自己镇静下来，克制自己内心的不满情绪，以免自己因冲动做出什么举动来。同时，他也在思考下一步的对策。

5. 喜欢咬牙切齿

有的人在烦躁不安的时候喜欢咬牙切齿，这一类型的人的情绪变化无常，显得很不稳定。他们的心胸不是很宽广，喜欢意气用事。

第4章

提问技巧，探询需求对症下药

在谈判过程中，为了有效地促进交流的顺利进行，必须经过提问和回答这一环节。提问看似简单，其实很需要技巧。提问的方式，将会影响到对方的回答。对此，谈判者要精于提问，因为只有问得巧妙才能赢得绝妙。

步步推进，启发诱导式提问

在日常谈判中，当我们与人就某个问题进行讨论的时候，需要将某些选择性的东西摆明，不要给对方太多的选择。我们所给出的选择越多，对方给出的答案就越容易脱离我们能掌控的范围，那我们就无从回应了。当然，这是基于人们的一个微妙心理。我们都知道，当我们在问对方“是不是”这个问题的时候，对方的回答一定只有两个，要么“是”，要么“不是”，除此之外，别无选择。但如果我们问“你觉得怎么样”，那答案就太宽泛了，我们根本无法估计对方想说的答案是什么。

伟大哲学家苏格拉底总结出了“苏格拉底问答法”，他的谈论总是以“是的，是的”这样的反应作为自己的谈话前提。他几乎从来不把自己的观点强加给别人，他把思考的权利交给别人，自己则只扮演一个提示者的角色。他的技巧就是：反问对方，指出他自相矛盾的地方，使他相信这样的结论完全是他自己得出来的。或许，这就是最绝妙的谈话方式，不带任何火药味，不伤和气，却让对方同意自己的观点，而且最重要的是这个观点是他自己说出来的。在谈判过程中，我们要学会让别人说“是”，而不是让他说“不”。

一位客户要求开户，当出纳员让他填写一些家庭信息材料时，他只填写了一部分，而对另一部分却讳莫如深。按照银行的规定，信息不全是不能开户的。

我们来看看这位出纳员是如何让客户乖乖就范的。

出纳员开始这样问："您想一想，您把钱存到银行，在您去世之前，您希望银行把您的存款转移到有权继承你财产的亲属账户里吗？"客户回答说："当然，是的，我会这样做。"

出纳员继续说："然而，如果我们银行没有您亲属的材料信息，那么，在您去世之后，那些财产是不是就会无法按照您的意愿转到您的亲属手里呢？"客户点点头："是的，会出现这种结果的。"

出纳员慢慢引导："难道您现在不认为，将您最亲近的亲属材料给我们银行，更能永久地保护您的财产吗？"客户认可了："是的，我也这样认为。"

这时，已经不需要那位出纳员继续问下去了，客户已经笑着将自己亲属的信息填写完整了。

所谓的有效问答术，简单地说就是开始就要让对方说"是"，而应尽量避免对方说"不"。这样的交谈不会引起争吵，甚至会让你们成为良好的伙伴。因此，我们在与人谈判的时候，千万不要一开始就说那些双方意见分歧很大的事情，否则，除了令双方争得面红耳赤，我们得不到任何结果。不妨从双方都认可的地方开始提问，这才是最好的办法。

1. 不要给对方太多的选择

在正式谈判中，我们要善于摆明道路，一条或两条，给出明确的方向，不要给对方太多的选择。想必大家都做过选择题，下面只有几个答案，不是选这个就是选那个，除此之外，我们别无选择。在谈判中也是一样，如果我们将选择权交给对方，那么其心理的变化也是我们不容易捕捉到的。

2. 提出的问题要在自己掌控范围之内

在谈判过程中，当我们需要向对方提出一些问题的时候，需要注意选择一些自己易于掌控的话题，令对方的回答在我们意料之中，这样我们才能根据对方的回答进行下一步的谈判策划。

提问需要讲究时机和方式

在商务谈判中，提问技巧经常是谈判者用来弄清某些事实、把握对方思想脉络、表达自己意见或调整自己谈判策略的重要方式。而恰到好处的提问不但可以启发对方思维，激发对方的兴奋点，控制交谈言语的方向，同时还可以表达自己的感受，帮助自己获得新的信息和资料，这在商务谈判中起着非常重要的作用。不过，谈判者提问时必须问得恰当而又礼貌，充分体现出对对方的尊重，这样才能令对方乐于回答你的问题，才会有利于谈判的顺利进行。

有一天，一位教士做礼拜时忽然烟瘾上来了，就问主教："我祈祷的时候可以抽一支烟吗？"结果，这位教士遭到了主教的呵斥。其后，又有一位教士也遇到了同样的状况，不过他换了一种方式问道："我吸烟的时候可以祈祷吗？"主教竟然莞尔一笑，答应了他的请求。

提问的方式不同，效果自然不同。同样的话，高明的说法会使人心中充满喜悦，从而顺利地达到谈话的目的；而愚蠢的说法只会贻笑大方，甚至令人厌恶。例如，在餐馆点菜时，如果问服务员"今天的龙虾好不好"，无疑是一句废话，因为

她一定会说好，除非你是那儿的常客。而假如你换一种方式提问——“今天有什么好的海鲜？”就会出现不同的效果，你应该可以吃到真正的海鲜。

1. 合适的提问方式

提问的方式要委婉，语气要亲切平和，用词要通过大脑思考，不能把提问、查问变成审问或责问、咄咄逼人的提问，这样容易给人一种居高临下的感觉，若令其产生防范心理，将不利于谈判。

提问的内容和角度需要慎重选择，既需要有针对性，同时也不能使对方为难。不要提一些让对方难以回答的话题，假如你提出的问题让对方面有难色或露出不悦的神情，那就不要追问，而要及时地变换话题。而己方对需要向对方提问或查问的问题，应该事先列好提纲，而且越详细越好，假如不作准备，贸然提问，这是不尊重对方的表现。

2. 使用规范的商务语言

在谈判时语言必须坚持文明礼貌的原则，符合商界的特点和职业道德的要求，不管交谈中出现什么样的情况都不能使用粗鲁、污秽或具有攻击性的语言。而且用语必须清晰易懂，口语尽量标准化，不能用地方方言或黑话、俗语等与人交谈。

在谈判时语言应注意抑扬顿挫、轻重缓急，避免挤眉弄眼、语不断句、大吼大叫等，谈判者应该通过语调的变化显示自己的信心、决心、不满、疑虑和遗憾等内心情绪。同时，要善于通过对方不同的语调来洞察对方的情感变化。

谈判时语言应当准确、严谨，尤其是在磋商的重要时刻，更需要以严谨、精准的语言准确地表述自己的观点和意见。若是需要使用某些专业术语，则应以简明易懂的惯用语加以解释，所有语言都要以达到双方沟通为目的、保证谈判顺利进行为前提。在谈判过程中所使用的语言，应丰富、灵活，富有弹性，对于不同的谈判对手，应使用不同的语言。假如对方谈吐优雅，己方语言也应非常讲究，做到语出不凡；假如对方语言比较朴实，那己方用语也不要过多修饰；假如对方语言爽快、直接，那己方语言也不必太过于委婉。谈判者要善于按照对方的学识、气质、性格、修养和语言特点及时调整己方的语言，这是快速缩短谈判双方距离、实现平等商讨的有效方法。

3. 恰当的提问时间

（1）对方说话停顿、间歇时间

在谈判中，假如对方发言冗长，或不得要领，或纠缠细节，或离题太远，影响洽谈进程，那可以在对方停顿时趁机提问："这些细节问题我们以后再谈，请谈谈您的主要观点，好吗？""第一个问题我们已经听明白了，那第二个问题呢？"这样的提问既不失礼，同时还可以帮助对方切回正题，继续谈判。

（2）谈判议程规定的辩论时间

智慧的谈判者在辩论前的几轮商谈中，总是细心记录，深入思索，抓住谈判桌上的分歧进行提问。他们不问则已，一问就问到了点子上。而且，在提问时他们问话的速度适中，并且会选择对方心情好的时候，然后给予对方足够的答复时间。

（3）对方发言完了之后

当对方正在发言时，己方要认真倾听。切记，即便发现了问题，你很想提问，也不要打断对方，可先把发现的和想到的问题记录下来，等待对方发言之后再提问。这样不但反映了己

方的修养，而且可以全面地、详细地了解对方的观点和意见，避免操之过急，曲解或误会对方的意思。

（4）自己发言前后

当轮到自己发表意见时，可在谈自己的观点之前，对对方的发言进行自问自答，如，“您刚才的发言说明什么问题呢？我的理解是这样的……对这个问题，我说几点想法。”在充分表达了自己的意见之后，为了让谈判沿着自己的思路发展，可以这样提问：“我们的基本观点和立场就是这样，您对此有什么看法呢？”这样的提问就是明显的承上启下，有较强的互动性，有助于让谈判顺利进行下去。

4. 选择恰当的提问方式

在提问时需要选择恰当的提问方式，一般有四种：限制型提问、选择型提问、委婉型提问、协商型提问。

限制型提问。如侍者问：“您是放一个还是两个鸡蛋？”这样就会将对方的选择范围缩小。而这种提问技巧性比较强，可以帮助提问者获得较为理想的回答，大大减少被问者拒绝或不直接回答的概率。

选择型提问。朋友之间大多用这样的提问方式，同时表示提问者并不在乎对方的选择。比如，一个朋友到你家里做客，你不知道他喜欢的口味，则可以问：“今天吃什么？鲫鱼还是带鱼？”

委婉型提问。一个男孩喜欢上了一个女孩，但是他并不知道这个女孩是否爱他，这样的话又不好直接问，于是试探地提问：“我可以送你回家吗？”假如女孩子不愿意交往，那她的拒绝也不会让双方难堪。

协商型提问。如果你想要对方按照你的意愿去做事，那就应该用商量的口吻向对方提问。比如，你需要对方起草一份文件，你可以将自己的意图说明，顺便问一句："你看这样写是否妥当？"

投石探路，推动谈判进程

向河水中投块石子，探明水的深浅再前进，就能有把握地过河。在谈判中，我们在与对手交流时，可以先提一些"投石"式的问题，如"假如我们订货的数量加倍或者减半呢""假如我们和你们签订一年的合同，或者更长时间的合同呢"，在略有了解之后再进行有目的的洽谈。使用这种方法，需要谈判者做一个有心人，你可以从对方的回答中发现对方与自己的共同利益之处。双方互相试探，你提出了投石的问题，对方进行了回答，由此，你们就可以根据"问题"的突破口进行洽谈，便于快速达成双方都认可的协议。这其中最重要的是在听对方介绍时要仔细分析、认识对手，发现可以利用之处，以便进行深人交谈，不断地发现新的共同利益。

在谈判过程中，不要仓促前行，要谨慎向前，一边提问一边走路，这样方能获得自己想知道的信息。不断地投石问路能让对手疲于对付，如果对手想要拒绝我方的提问，通常来说是不礼貌的。而且，对手面对这样连珠炮式的提问，大多数都会宁愿适当放弃自己的利益，也不愿意继续回答问题。

某商场，一位大叔正在电风扇专柜前驻足。一位销售小姐走向前问："大叔，这几天天气热起来了，您今天来是想看看

电风扇的吧？”大叔回答：“对呀！”“那您是想看台式的还是落地式的呢？”销售小姐继续问道，大叔想了想：“放在客厅用，落地式应该好一些吧？”销售小姐点点头：“对，在客厅用落地式的比较适合，因为它外形美，有气质，还具有装饰房间的功能。来，落地式风扇都在这边，您是需要我为您有针对性地介绍还是想自己先慢慢挑选一下？”

销售小姐具体的提问恰到好处地引导了话题，而且，从顾客的回答中，销售小姐了解了其要求，从而灵活运用了销售策略。如果销售小姐不善于以提问来了解顾客的需求，那估计她在那里站一下午也难以销售出去一件东西。

投石问路是一种向对手的试探，也就是在谈判中借助提问的方式来摸索、了解对手的意图以及某些具体情形。谈判中，投石问路是一种常见的方式，作为谈判的一方，你可以从对手那里得到对手很少主动提供的资料，以此来分析商品的成分、价格等情形，便于自己作出合适的决定。在谈判过程中所提出的每一个问题都像是一颗探路的“石子”，你能够通过对产品质量、购买数量、付款方式、交货时间等问题来了解对手的具体情况。

投石问路的方法并不是绝对奏效，我们在使用这个方法时还应该注意以下几个问题。

1. 因势利导

有时我们会遭遇对手的“投石问路”，这时不妨针对他想知道更多情况的心理，对其进行有意识的引导，提出反建议，将对手扔过来的石子还给对方。例如，“您问的问题我都答复了，怎么样，请您考虑我的条件吧”。如此因势利导，往往能促成谈判成功。

2. 提问要具体

在正式谈判中，有的问题太泛泛而谈，让人难以回答；有的问题太笼统了，答案不在自己掌控的范围之内。为此，我们可以先问几个是非题或选择题类型的具体问题，把对手有价值的话题找出来，再继续往下问。

获取信息，促使谈判顺利进行

提问是引导谈判顺利进行的好方法，谈判者只有做到切中实质、有的放矢地提问，才可以达到预期的效果。在谈判过程中，任何提问都必须紧紧围绕着特定的目标展开，这是每一个谈判人员都必须记住的。所以，与谈判对手沟通过程中的一言一行都要有目的地进行，千万不要漫无目的地脱离最根本的谈判目标。

小李是一个大型机械设备厂的销售员，他曾经5次打破公司的销售纪录，其中有3次他的个人销售量占全工厂销售量的50%以上，他是怎么做到的呢？小李说自己成功销售的秘诀就是常常进行有针对性的提问，然后让客户在回答问题的过程中对产品产生认同。

小李说，自己在日常销售过程中经常会问这样一些问题：

您好！我听说贵公司打算购进一批机械设备，能否请您说说您心目中理想的产品应具备哪些特征？

我们公司非常希望与您这样的客户保持长期合作，不知道您对我们公司以及公司的产品印象如何？

您认为造成这些问题的原因是什么呢？

您可能对产品的运输存在疑惑，这个问题您完全不用担心，只要签好订单，一个星期之内我们一定会送货上门。现在我想知道，您打算什么时候签署订单？

我很想知道贵公司在选择合作厂商时主要考虑哪些因素？

您是否可以谈一谈贵公司以前购买的机械设备有哪些不足之处？

如果我们的产品能够达到您要求的所有标准，并且有助于贵公司的生产效率大大提高，您是否有兴趣了解这些产品的具体情况呢？

如果您对这次合作满意，一定会在下次有需要时首先考虑我们，对吗？

提问的类型是多种多样的，提问的重要作用在于：引起对方的注意；为对方的思考提供既定的方向，从而获得自己不知道的信息、不了解的资料；传达自己的感受，引起对方的思考；控制谈判的方向，让话题趋向结论。

但是，在提问时我们还是需要注意以下几个问题。

1. 掌控好提问的速度

提问时若说话速度太快，容易让对方感到你不耐烦，甚至感到你好像是在审问他，以致引起对方的反感。相反，假如说话速度太慢，则容易让对方感到沉闷、不耐烦，以致削弱提问的力量。所以，提问的速度应该是快慢适中，既让对方听懂你的问题，又不至于让对方感觉到拖沓、沉闷。

2. 给对方足够的时间回答

提问的目的是让对方回答问题，并最终收到己方满意的效果。所以，谈判者在提问时应给对方足够的时间答复。同时，自己也可以利用这段时间对对手的答复以及下一步的提问进行必要的思考。

3. 注意对方的心情

谈判过程中，要尽量创造一个好的谈判气氛，谈判者受情绪的影响在所难免，需要随时留心对手的心情，在对方看起来心情较好的时候，提出相应的问题。因为，对方在心情很好的时候，经常会轻易满足你所提出的要求，而且会变得粗心大意，很容易暴露一些相关的信息，这时我们就可以抓住机会而有所收获。

4. 尽可能保持问题的连续性

在谈判过程中，双方都有各种各样的问题，不同的问题存在着内在联系。因此，在提问时，假如要围绕某一个事实，则提问者应该考虑前后几个问题的内在逻辑关系。不要正在谈这个问题，突然又提出一个与此无关的问题，让对方无所适从。而且，这种跳跃式的思维方式会分散对方的精力，让各种问题纠缠在一起，最后也理不出个头绪来。而在这样的情形下，你的提问自然不会获得对方的圆满答复。

模糊提问，不暴露自己意图

在日常谈判中，每一次提问都包含着一个目的，有可能是单纯地与他人建立和谐友好的关系，有可能是自己想从对方回答中获取一些信息。但是，无论是哪种目的与意图，若是清

晰地呈现在问题中，那么，很有可能令对方产生一些不好的感觉。对方会认为你的提问、交谈都存在一定的企图，他会不自觉地选择戒备的心理以保护自己。这样，也就影响谈话的进一步进行了。另外，在国际商业谈判如此重大的场合，我们更不应该彻底地暴露自己的意图、目的，凡事都应该慎重。这样，我们才能“知己知彼，百战不殆”。那么，如何才能不让对方感觉到自己提问的核心呢？我们可以在提问中掺杂一些无关紧要的话题，这样对方就听不出提问的目的了。

周末，朋友聚会，大家惊讶地发现，离婚多年的李太太竟然快结婚了。自从经历上一次不幸的婚姻之后，李太太就打消了结婚的念头，突然出现这样的消息，朋友们都十分惊讶，纷纷询问：“他到底是谁？”李太太笑着回答说：“一个会提问的人，每一次约会，我都是不知不觉中答应的。”

然后，李太太讲述了第一次约会的情景，刚开始见面，他就问我：“网球和电影，你更喜欢哪一种？”我回答说：“我喜欢看电影。”他接着又问：“国产片和外国片，你是喜欢外国片？”我笑着回答：“是的，但是附近的电影城正在上演的是张艺谋的新片，我也很想看。”他也笑着说：“这样好了，这个周末我们一起去看。”我就不假思索地回答：“好吧！我们去看。”

说完，李太太满脸幸福：“每一次和他说话，他总是问这问那，而我根本不知道他为什么会这样问，糊里糊涂就回答了。结果，我就这样被他骗走了。”

李太太未来老公的高明之处就在于：他从来不透露自己提问的真实意图，而是问东问西，让人摸不着头脑。因此，李太太轻易地走进了他设的“圈套”，不知不觉就答应了他的邀请。看过李太太的例子，我们不得不说“有效的提问真是一种智慧”。

人与人之间的相处既是这样，那么，对于蕴含重大利益的商业谈判，每一个提问更是不容马虎。在谈判过程中，可能稍微不注意就会透露出自己的意图，让对方占尽先机，以致损失一笔大买卖。有时候，含糊其词地提问还能引起一个新的话题，而对方却茫然不知。

1. 模糊问题

虽然我们提倡在提问时所提出的问题要具体，但在某些时候，我们需要模糊问题，也就是说，不把问题明确地提出来，而是提出一些有关核心问题的其他问题，以模糊我们所想提出的真实问题。这样一来，对方也就不知道你所提出问题的目的了。

2. 假意问些无关紧要的问题

在许多谈判场合，我们经常看到这样的提问画面：有的人对一些人问了许多乱七八糟的问题，看似无关紧要，但到最后，他从这些问题中得出一些有用的信息。善于提问的人，看似问东问西，却是有规律可循的。之所以问东问西，那是因为掺杂了一些无关紧要的话题之后对方就猜不透我们问题的真实意义。

给予适当的提问反馈

在实际谈判中，要想与对方成为朋友，就要学会分享他的思想和情感；要想对方能够敞开心扉，就需要解除他的心理防

线。特别是在提问的过程中，我们要给予那些回答问题的人及时的反馈，制造出共鸣，表达对对方回答的理解之情。绝大多数人在面对陌生人的时候，都会不由自主地在心里建立一道心理防线，他们的眼神里满是戒备和冷漠。但是，如果你能够让对方感觉彼此是同等位置的人或者正好你们的喜好兴趣都是相似的，那么在你们之间就会产生共鸣。他会觉得你是可以信赖的朋友，是可以谈心诉苦的朋友，自然会对你敞开心扉。

伊丽莎白·洛亚科是一位澳大利亚人，她采用了分期付款的方式买了一部车子。但是由于种种原因，她已经有六周的时间没有按合同交款了。一个星期五的上午，负责洛亚科买车付款账户的一名男子给洛亚科来了电话，他在电话中愤怒地告诉洛亚科，如果下周一上午不把钱交上，他们将采取进一步的行动。刚好又是周末，洛亚科没有筹到钱。于是这名男子又在星期一给洛亚科的电话里说了更多难听的话。当时洛亚科先真诚地道歉，说真的是给他带来了很大的麻烦，而且，自己六周没有付款，一定是客户中最让他头疼的。

这名男子听了洛亚科这一番话后，立即改变了态度，说洛亚科并不是最让他烦心的，并且举了几个例子来说明。他说有一个客户经常撒谎，有心躲着不见，还有的非常不讲理。洛亚科没有说话，只是静静地听，让他把心中的不快都说出来。最后，还没有等洛亚科提出什么要求，这名男子就主动说如果洛亚科不能马上交还欠的钱也可以，只要洛亚科在本月底先付给他20美元，然后在她方便的时候再把其余的钱交给他就可以了。

在洛亚科真诚地道歉后，双方谈话的气氛发生了变化，洛亚科开始并没有为自己争辩什么，而是表达出自己的理解之情。那位男子语气也开始变化，他发了自己的牢骚后，居然也没有继续追问付款的事情，而是相同地站在洛亚科的角度上，再对洛亚科宽限数日。这样，双方愉快地结束了谈话。

在谈判过程中，人与人沟通是很难在一开始就产生共鸣的，尤其是当我们试图说服对方或者对他人有所求的时候。可是，如何从中寻求到共鸣呢？共鸣是一种强烈的心理感应，意味着双方之间有共同的心理体验。所以，当对方在回答我们所提出的问题的时候，我们需要及时给予反馈，表达出对对方回答的理解之情。

1. 学会理解对方

如果我们在听取别人回答的时候能从对方的观点去想、能站在别人的立场分析事情，就能够得到对方的认可和信赖，并促使整个谈判走向和谐。由于换位思考，可以感同身受地体会他人的难堪、苦恼，因此，在谈判过程中，我们希望得到他人的支持、希望别人能感受我们所感受时，最好的办法就是让对方站在我们的立场看待问题。这样，他就能真切感受我们所面对的难处，自然会全力支持我们。

2. 重复对方答复中的字眼

当我们提出问题之后，对方一定会针对我们的提问作出一些回答，这时我们应该仔细倾听对方的回答，并适当重复其中的某些话语，表达出自己的理解之情。这样，对方就能感觉到我们内心的真挚，自然会对我们产生好感。

第5章

僵持局面，化解冲突达成共识

在商务谈判中，僵局是一种客观存在，不能完全避免；但即便如此，出现僵局时也不要惊慌失措。导致僵局产生的原因有很多，而根据不同的原因，僵局可以分为不同的类型，只有认清了僵局的缘由，然后对症下药，采取灵活而又具有针对性的策略，才能化险为夷。

岔开话题，化解难堪境地

在谈判过程中，针锋相对的尴尬局面随时都有可能发生，任何话题都有可能形成分歧与对立。从表面上看，僵局产生往往是防不胜防的，但其实真正令谈判陷入危机的是由于双方在多方面谈判中期望相差甚远。对此，谈判专家总结说：“许多谈判的僵局和破裂是由于细微的事情引起的，诸如谈判双方性格的差异、怕丢面子，以及个人的权力限制等。”有时谈判的一方会故意制造僵局，他们有意给对方出难题，搅乱视听，甚至引发争吵，以迫使对方放弃原本的谈判目标而向自己的目标靠近；有时则是双方对某一问题各持自己的看法和主张，产生了意见分歧，而双方越是坚持各自的立场，彼此之间的分歧就会越大。当然，不管出于何种原因导致出现僵局，作为谈判的一方，我们都应该及时缓解局面，以灵巧的策略缓和场面，巧妙转移话题、打破僵局，促进谈判的顺利进行。

在某次谈判中，双方为一个话题争论不休。甲方说：“我希望贵公司能对我们所提出的要求予以答复，否则我们之间没什么好谈的。”乙方代表则无奈地表示：“关于这个问题，我已经说过很多次了，确实没办法达到你们所提出的要求，以我们公司规模来说，真的是难以办到。我只希望你们能降低一些要求，这样我们双方之间也能达成一个协议。”听了乙方代表的回答，甲方代表摇摇头，说道：“对于这些条件是没有任何

商量余地的。”说完，就打算起身离开了。

这时乙方代表中的一位先生开口说道：“大家都说了一个上午了，恐怕肚子早饿了吧！我早就听说这酒楼有几道招牌菜，还没尝过呢！要不，咱们先吃饭，吃过饭再说这个问题。”听这样一说，甲方代表也觉得自己饿了，于是点点头，双方坐了下来，聊起了各地方的名菜。

在谈判过程中，常常由于双方对所谈问题的利益要求差距比较大，而彼此又不肯作出让步，导致双方因暂时不可调和的矛盾而形成针锋相对的局面。谈判桌上之所以出现这样的局面，其原因是双方的观点、立场的交锋是持续不断的，当利益冲突变得不可调和的时候，僵局便出现了。当僵局出现后，如果不进行及时的处理，就会对接下来的谈判产生不利的影响。当然，谈判过程中出现针锋相对的局面，并不等于谈判的破裂，但它会严重影响到谈判的进程。这时，我们需要灵巧地转移话题，打破僵局，等到气氛融洽之后再重新回到谈判桌上来。

案例中，眼见对方要起身离开，僵局已然形成，若是再不想办法进行挽救，那本次谈判就将宣告失败了，这时，乙方代表中的一位灵活变通的先生及时地转移了话题，让大家把注意力都放在了吃饭这个问题上，从而使僵持的局面也得到了缓和。

1973年，阿以战争爆发之后，美国代表前往中东，告诉以色列：“请坐下来，与埃及政府谈谈看。因为，如果你们不这么做，很可能就会有人发动第三次世界大战。”对方的反应很可能会被很多人误以为谈判进入了死胡同——“好吧，我们可以和他们谈，可我们想首先声明一点，有一件事情是绝对无法谈判的。无论出现什么情况，我们都绝对不会退出西奈半岛。我们在1967年时就占领了这个地方，我们的许多油井都在那里。我们绝对不会退出西奈半岛。”

埃及代表告诉对方：“可以。我想我们知道西奈半岛对你们有多重要了。你们的油井在那里。你们在1967年时就已经拥有了这块土地。好吧，那就让我们先把这个问题放到一边，讨论另外一些重要问题吧。”

这里，我们并不否认，埃及人对西奈地区的态度同样坚决，他们要求以色列必须从西奈地区撤军；然而，通过使用暂置策略，埃及人暂且放下了主要问题，转而解决其他一些小问题，并在这个过程中为后面的谈判积聚能量。这样，当埃及人重新把谈判的重点转回西奈地区撤军问题时，这个问题似乎就不是那样无法解决了。而最终，以色列人从西奈撤走了军队，虽然他们当初曾反复重申自己绝对不会撤军。

1. 灵活转移话题

当僵局已经形成，不妨暂且结束这个话题，如“关于这件事，正如先生所言，的确非常有道理，但是暂且先谈刚才那个提案”“正如你所言，这是非常重要的问题，所以稍后调查完毕再作报告，在这之前先说说这个问题”“这些宝贵的意见暂且先搁置，我们不妨换个角度看看”。

2. 先声夺人

不等对方完全摊开话题，你就先换个话题，然后就开始说起来，且不时地向对方征求意见，让他发表高见，并向他讨教解决问题的方法，而自己则保持诚恳的态度。这样就使得对方没有了喘息的机会以及再提原来话题的时间。

3. 兜圈子

谈判过程中，双方都有自己的立场，在运用兜圈子这一心理策略的时候，谈判者要记住，使谈判绕了一个圈子、多走了一些弯路无伤大雅，但一定要成功地到达终点，达成双方都能接受的协议。也就是说，兜圈子的话题的主旨也不能变，虽然不涉及正题，但必须与正题有关，不管绕多少圈子，牛鼻子始终不能放，要做到“形散神不散”。

风趣言语，驱散尴尬气氛

俗话说：“人有失足，马有漏蹄。”在日常谈判中，总会出现话语失误的现象，这是不可避免的。虽然这其中的原因是各不相同，但话语失误所造成的后果是极为相似的，或贻笑大方，或纠纷四起，甚至难以挽回。尤其是在谈判的过程中，假如你无心造成了言语失误，那可是相当尴尬的情形，因为对方就坐在你对面，你还能怎么办呢？说出去的话就犹如泼出去的水，覆水难收。但有时我们还是可以挽回场面的，这需要敏捷的思维能力，也就是看脑子转得快不快了。

司马昭与阮籍正在上早朝，忽然有侍者前来报告：“有人杀死了自己的母亲！”放荡不羁的阮籍不假思索便说：“杀父亲也就罢了，怎么能杀母亲呢？”此言一出，满朝文武大哗，认为他“有悖孝道”。阮籍也意识到自己言语的失误，忙解释说：“我的意思是说，禽兽才知其母而不知其父。杀父就如同杀禽兽一般。杀母呢？就连禽兽也不如了。”一席话，使众人无可辩驳，而阮籍也避免了杀身之祸。

当庭言语失误，这是何等严重，稍有不慎就会惹来杀身之祸。不过阮籍是何等机智与聪明，他凭借敏捷的思维及时补救了自己的言语失误，借题发挥，巧妙而幽默地平息了众人的怒气。

有一次，纪晓岚光着膀子与几人在军机处聊天，正巧乾隆带着几个随从突然到访，其他人一见皇帝来了，连忙上前接驾，躲在后面的纪晓岚心想：如果自己就这样光着膀子接驾，岂不是犯了亵渎万岁之罪？可能皇帝并没有发现自己，还是先躲一下为好。于是，情急之下，纪晓岚钻到了桌子底下藏了起来。其实这一举动早已被乾隆看在眼里，他故意装作没看见，并在椅子上坐了下来。

纪晓岚在桌子底下缩成一团，大汗淋漓，却不敢出声，过了很长时间，他没听见乾隆说话的声音，以为他走了，就问身边的同僚："老头子走了没有？"这话被乾隆听见了，他厉声问道："纪晓岚，你见驾不接，我且不怪罪于你，你叫我'老头子'是什么意思？你要一个字、一个字地给我说清楚，否则，别怪我无情！"纪晓岚吓得半死，连称："死罪！死罪！"接着，慢慢解释道："万岁不要动怒，奴才所以称您为'老头子'，的确是出于对您的尊敬。先说'老'字，'万寿无疆'称'老'，我主是当今有道明君，天下臣民皆呼'万岁'，故此称您为'老'。"

乾隆听了点点头，纪晓岚继续说道："'顶天立地'称为'头'，我主是当今伟大人物，是天下万民之首，'首'者，'头'也。故此称您为'头'。至于'子'字嘛，意义更明显。我主乃紫微星下界，紫微星，天之子也，因此天下臣民都

称您为天‘子’。”乾隆听了，笑了，这事就这样过去了。

当着那么多的人对皇帝失言，那可是严重的事情，弄不好自己脑袋就要搬家了。但思维敏捷的纪晓岚异常冷静，慢慢解释，补救了自己的失言。在回答皇上的过程中，他言语诚恳，态度谦逊，语言幽默风趣，以灵敏的应变能力巧妙地化解了话语失误带来的难堪，同时也得到了乾隆皇帝的肯定。

在日常谈判中，如果自己言语失误了，即便你尚未找到任何解决的办法，但只要能主动承认自己的失误，并向在场的谈判对手说“对不起”，也依旧能赢得听众的喝彩声。反之，有的人言语失误后，非但不觉得羞愧，反而说得更起劲，这样的人就只能让听众生厌了。

那么，对于谈判过程中的言语失当，我们该如何应对呢？

1. 寻找挽救的办法

言语失误后，你依然能够用语言来进行弥补，当然这是需要灵敏的思维以及绝妙的技巧的。只要你懂得随机应变，就能够弥补自己言语失误的过错，如将错话加在他人头上，“这是某些人的观点，我认为正确的说法应该是……”又或者将错就错，干脆重复肯定，然后巧妙地改变错话的含义，将本来的错误变成正确的说法。

2. 诚恳道歉

如果是自己的无心造成了言语上的失误，形成了尴尬的局面，那我们就应该诚恳地向对方道歉，以一份坦率的胸襟来面对自己的失误，以诚恳的态度赢得对方的认可。

巧言妙语，轻松应对挑衅情况

在谈判过程中，有时候我们会遇到对方的挑刺或者故意刁难，这时我们很容易陷入困境中。在这样的情况下，我们该如何扭转乾坤，让那些故意刁难者知难而退呢？其实，这也需要有一定的思维能力，能快速地想到扭转局势的办法。如果你只是傻傻地在那里站着，只会让那些故意为难你的人更得意；同时，也会让所有的听众看笑话。当然，只有掌握一定的方法以及技巧，才能巧妙地化解尴尬，为自己解围。

在谈判场合，如果你遭受到了对方恶意的顶撞、攻击、讽刺挖苦或者出言不逊，这时不需要以牙还牙、针锋相对，否则只会让局面发展到更加不可收拾的地步。你不妨将对方的讥讽之词当作前提，作为铺垫，作为条件，顺势表达出自己内心的看法。

美国曾有个政界要人叫凯升，20世纪40年代，他首次在众议院里发表演讲时，打扮得土里土气，因为他刚从西部乡间赶来。

一个善于挖苦讽刺的议员，在他演讲时插嘴说："这个伊利诺斯州来的人，口袋里一定装满了麦子吧？"这句话顿时引起哄堂大笑。

凯升并没有因此怯场，他很坦然地回答说："是的，我不仅口袋里装满了麦子，头发里还藏着许多菜籽儿呢！我们住在西部的人，多数是土里土气的。不过，我们虽然藏的是麦子和菜籽儿，却能够长出很好的苗来！"

这句话立刻使凯升的大名传遍全国，大家给他一个外号——"伊利诺斯州的菜籽儿议员"。这位菜籽儿议员采用的正是顺势

牵引法。他深知顺势的道理，把对方的冷嘲热讽当作可以利用的交通工具，顺路搭车，一路顺风地抵达了自己的目的地。

那么，在日常谈判场合中，我们该如何利用思维能力来替自己解围呢？

1. 顺势牵引

顺势牵引法的特色是不作正面抗衡，而是在迂回的交谈中顺着对方的话说下去，借力胜敌，从而成功达到自己的目的。面对对方不怀好意的提问，不要针锋相对，也不要给予他正面回答，而应巧妙采用迂回的战术，顺着对方的话说下去，把对方的讽刺挖苦当作可以利用的工具，顺势牵引，然后再找出反驳的话语来，打消对方的气焰，使自己摆脱困境。

2. 顺水推舟

对手中难免有恶意的刁难者，他们会在沟通过程中故意提出一些带歧视、轻视、敌视性的问题。对待这些刁难者，谈判者不能像对待善意的质疑者那样，而应该不客气地给予回击。但是这样的回击要讲究技巧性，不能直接回击，而要灵活采用顺水推舟的方法。

3. 避实就虚

有时候不需要正面去回答那些故意刁难的问题，可以避开要害问题，谈论一些无关紧要的话题，从而转移人们的注意力。

4. 欲扬先抑

有时候，谈判对手会提出一些很刁钻的问题，可能你的回答恰好地中了他的圈套，这时你不妨先承认他的观点，然后再巧妙地提出你的观点使他接受。

善用激将法，迫使对方作出决定

通常一个人的行为不仅受理智的支配，同时也受感情的驱使。在谈判过程中，我们可以妙用激将法，用话语促使对方放弃理智，凭着一时的感情冲动去作出一些决策或决定。假如我们想达到一定的谈判目标，而谈判对手又是一个心烦气躁的人，这时用激将法是最合适不过了。即用语言激怒对方，刺激对方的自尊心和虚荣心，使其理智程度降到最低限度，从而实现我方的谈判目标。比如，“不是我小看贵公司，估计压根儿就拿不出足够的资金来购买咱们的产品，我即便是再降价，你也只是说说而已”，任何一个谈判者听了这样的话都会怒火攻心，在这样的情况下，他们很容易会为了证明自己的能力而作出不利于自己的决策。当然，我们也就能顺利达到自己的目的了。

面对着号称百万雄师的曹军，孙权想与之决战，但又举棋不定。诸葛亮说：“曹军势不可挡，不如投降算了。”孙权非等闲之辈，乃争强好胜、不甘居人之下的一代英才，听了诸葛亮的话，火一下子就蹿了上来，反问道：“那刘豫州为何不降呢？”诸葛亮说：“刘使君乃汉室之胄，雄才大略、英才盖世，岂能甘心投降、任人摆布呢？”诸葛亮见孙权抗曹之火被激了起来，这才详尽地向孙权分析了孙刘联军抗曹的有利条件，最终坚定了孙权抗曹的决心。

诸葛亮并没有说东吴如何兵精粮足、人才济济，也不说地势如何险要，而反说曹军如何势大，假劝孙权投降，这样就激起孙权争胜、不甘寄人篱下之心。他完成其联吴抗曹的任务，用的就是激将法。

某橡胶厂有价值200万元的进口的现代化生产设备，但由于原料与技术力量跟不上，搁置了4年都没有使用。后来，新任的厂长决定将这套设备转卖给另外一家橡胶厂。在正式谈判之前，该厂了解到对方经济实力雄厚，但基本上都已经投入生产，如果要马上拿出200万元来添置设备，有很大的困难。还有就是对方厂长年轻好胜，从来不甘示弱，经常以拿破仑自诩。了解到这样一些情况后，橡胶厂派了张小姐作为谈判代表前去进行洽谈。

谈判桌上，张小姐说："昨天在贵厂转了一整天，详细地了解贵厂的生产情况。你们的管理水平确实令人信服，您年轻有为，能力非凡，真让人钦佩。"那位厂长谦虚地回答："哪里哪里，我向小姐致意，还恳切希望得到小姐的指教。"张小姐回答说："我向来不会奉承，实事求是是我的本性，贵厂今天办得好，我就说好；明天办得不好，就会说不好。"

那位厂长说到了设备的事情："小姐对我厂设备的印象如何？"张小姐回答说："贵厂现有生产设备，在国内看，是可以的，至少三五年内不会有什么大的问题。但我怀疑贵厂的经济实力。"

对方厂长听到这些，觉得受到了轻视，十分不高兴，他介绍了自己厂的实力，当即答应买下那价值200万元的设备。最终，张小姐成功地将"休息"了4年之久的设备转卖给了那位厂长。

在现代谈判中，运用激将法赢得谈判成功的例子有许多。每个人都有自尊心，他们最讨厌的就是自己的自尊心被轻视的情况。在谈判中，如果直截了当地给对方以贬低、羞辱，刺痛之、激怒之，对其"冷水"浇头，就能够促使其丧失理智，作出有利于我方的决定。

在实际谈判中，我们在使用激将法时需要注意两个问题。

1. 因人而异

当然，运用激将法需要因人而异，也就是摸清楚谈判对手的性格脾气、思想感情和心理。对于那些富于理智的明白人，则不应该使用这种方法；对那些自卑感强、谨小慎微以及性格内向的人，也不应该使用这种方法，这样只会让他们丧失信心，甚至愤怒。

2. “火候”适中

在谈判中使用激将法，还需要掌握好刺激的火候。如果火候太过，会给谈判对手造成一定的压力，使对手产生逆反的心理，令他们坚持自己的观点；若是火候不够，不疼不痒，则难以达到刺激的目的。

急中生智，挽回失误场面

在商务谈判过程中，尤其是在谈判进入实质性磋商阶段之后，谈判双方往往会由于某种原因僵持不下，陷入进退两难的境地。对于这种局面，我们通常称之为“谈判僵局”。尽管双方都不希望出现僵局，但实际上谈判僵局是常常出现的。僵局的持续肯定会给谈判双方带来极大的压力，甚至导致谈判败局的产生。所以，一旦僵局形成，必须进行快速的处理。而要想妥善地处理僵局，就必须对僵局的性质、产生的原因等问题进行透彻的了解和分析；然后加以正确的判断，按照僵局的情形采取相应的策略

和技巧，选择有效的方案，使得谈判得以继续。

一个果品公司业务员到苹果产地与一位老果农谈判收购价格。业务员问："多少钱一斤？"老果农回答说："8毛。"业务员问："6毛钱行吗？"固执的老果农回答说："少一分钱也不卖。"业务员继续问："你老别抠了，做买卖咋像女人一样呢？来点痛快的。"老果农立即横眉冷对："你小子才是女人！吃饱了撑的，跑这儿来找事来了。"说完摩拳擦掌。业务员见这阵势赶紧跑了，边跑还边说："不卖拉倒，烂了活该！"

过了几天，果品公司派了另外一位业务员前来谈判，他先是客气地叫了声"大爷，忙着呢"，又掏出香烟恭恭敬敬地递上去了，然后聊起了地里的收成。业务员说："农民不容易，辛辛苦苦就指望这时候有个进账了。"最后谈到了水果收购价格，业务员说："咱们都是实诚人，交个朋友吧，6毛5我全包了。"结果，很快就做成了这笔买卖。

在这个谈判案例中，果品公司所使用的破冰策略就是"审时度势，及时换人"。谈判过程中通常不会换人，不过，如果形势忽然变化，谈判双方的感情伤害已经无法全面修复，一方对另一方不再信任，就要及时更换谈判代表，以通过换人化解僵局、打开局面。己方，如果由于涉及对方人格、人权、生活习惯或民族的政治的信仰造成失误而为对方所不容，就要先及时道歉甚至检讨；如果对方依然不接受，那就更换谈判代表。

美国一家公司代表与我方某电缆厂作关于购买无氧铜主机组合炉的谈判时，报价从220万美元、150万美元下滑至130万美元，而中方代表依然不同意签约，于是美方代表大叫："你们毫无诚意，不谈了！"中方代表说："这样高价还谈什么诚意，我们早就不想再谈了。”对方见中方不为所动，又坐下来交涉，下了最后通牒：“120万，不能再降了！”结果谈判破裂，美方拿着已经订好的机票与中方作告别性会晤。

这时中方才拿出两年前美方以95万美元将组合炉卖给匈牙利的资料让对手看，美方惊叫道：“这是两年前的事情了，现在价格自然上涨了。”中方代表反驳：“不，物价上涨指数是每年6%，按此计算价格是106.7万美元。”美方代表顿时瞠目结舌，想不到对方还有这样一手。最后，双方以107万美元成交。

在谈判陷入僵局之前，谈判的一方往往会使出最后通牒这一招，以迫使对方就范。这时己方不妨多听少说，多问少答，冷眼旁观，沉着应战。采用后发制人的策略，不到关键时刻不拿出撒手锏；等到时机一到，反戈一击，常常可以出奇制胜。

在谈判陷入僵局时，我们需要灵活应对。

1. 以柔克刚

有时候对方会有意识地制造僵局，目的在于试探己方的实力、决心和诚意。在这样的情形下，假如对方的开价在己方允许的范围之内，不妨以弱者的态度应对，不断声明自己的立场、观点和诚意，并且作一些小的让步以满足对方的虚荣心。你给对方面子了，对方自然也会给你面子，这样，便能顺势打破僵局。

2. 坚持原则

对于那种吃着碗里看着锅里的主儿，或者那些得了便宜还卖乖的主儿，如果己方的底线已经达到了极致，别无他法，那么只有坚持原则，以硬碰硬。因为对方把僵局当作一种策略使用，并非希望中断谈判无功而返。你选择的制造僵局的时机必须是他们对于你要他们的那些东西很感兴趣的时候，否则他们

会不理睬你。谈判者遇到策略性僵局时应当委婉地点破对方，让对方明白己方不是傻瓜，对其目的是心知肚明的，以求尽量理智地体面地冲破僵局。

3. 暂时休息

有些僵局往往是双方在商务谈判中由于激烈的气氛造成情绪失控所引发的，这大部分是由于言辞不当引发的僵局。比如，一方说“价格太高，你们简直是漫天要价”，而另一方则反击“那你开的这个价格更是闻所未闻，难道要我白送给你”。于是，僵局便出现了。

在谈判中当双方就某个问题产生争执，矛盾尖锐、声调升级，情绪处于失控期，冷战变为热战，讨论问题变为人身攻击之时，需要及时休息，脱离接触；在心态上进行修复，拿出时间缓冲一下，调整失控的心理以转换气氛，以免把僵局变成死局。

4. 诚恳面对

现代社会，生意往来越来越建立在人际关系的基础上，人们总是愿意和他所熟知的人、信任的人做买卖。所谓“买卖不成仁义在”，生意场上是对手，私下里是朋友，获得信赖的最重要的基础就是待人诚恳，当谈判陷入僵局之时，可通过一些有说服力的资料，如市场行情、产品质量、售后保证等以劝说、提醒、引导对方。只要你保持诚恳的态度，耐心说服，有理有据，那对方就会作出相应的让步，僵局也会随之消失。

5. 求同存异

在谈判过程中，对于涉及双方经济利益的重大分歧，在推进中往往会遇到巨大的障碍，稍有不慎就会陷入僵局。假如对方在质量上苛求你，那你就谈服务；假如对方在价格上逼迫你，那你就谈质量；假如对方在服务上苛求你，那就谈条件；假如对方在条件上苛求你，那就谈价格。以迂为直，这就是智慧谈判家的技巧，聪明的谈判者总是在僵局中反复斟酌，冥思苦想，最终找到解决问题的钥匙。

小心谨慎，绕开言语雷区

无论是商业还是政治或者是其他活动，都离不开谈判，人们通过谈判而达成一致意见，签订协议并通过认真履行使双方获益。而谈判行为是一项很复杂的交际行为，它伴随着谈判者的言语互动、行为互动和心理互动等多方面的、多维度的错综交往。谈判过程中，作为代表一方利益的谈判者，你能否成功识别出对方的现实动机和长远目的，对方派出人员的权限乃至其心理状态、个性特征等，在很大程度上影响着谈判的成败。

美国谈判学会主席、谈判专家尼尔伦伯格说，谈判是一个“合作的利己主义”的过程。而谈判的最终结果是，双方都必须按照谈判结果行事。这就要求谈判者应以一个真实身份出现在谈判行为的第一环节中，以赢得对方的信赖，继而把谈判活动进行下去。而事实上，双方都希望谈判结果能利于已方，谈判者又很可能以假身份掩护自己、迷惑对手，以期取得胜利，这就使本来就很复杂的行为变得更加真真假假、真假相参，难以识别。

在美国某乡镇有一个由12个农夫组成的陪审团。有一次，在审理了一桩案件之后，陪审团中的11个人认为被告有罪，另

一个人则认为被告无罪。由于陪审团的判决只有在其所有成员一致通过的情况下才能成立，于是这11个农夫花了一整天的时间，想说服那位与众不同的农夫改变初衷。此时，天空中忽然乌云密布，眼看一场大雨就要来临，那11个农夫都急着要在大雨之前赶回去，好把放在屋外的干草收回家去，可是，这时候另外那个农夫仍旧不为所动，坚持己见。11个农夫个个都急得像热锅上的蚂蚁，他们的立场开始动摇了。最后，随着“轰隆”一声雷鸣，这11个农夫再也无法等下去了，他们转而一致投票赞成另一个农夫的意见——宣告被告无罪。

在这一谈判案例中，这位胜利的农夫在面对强大的谈判阵容的时候并没有轻易就范，而是利用了其他农夫都急于结束谈判的心理，向他的对手们展开心理攻势，让对手急得像热锅上的蚂蚁，最终，在忍无可忍的情况下，那11个农夫放弃了自己的立场。

谈判中，对方说的每一句话对于我们来说都可能是一个“套儿”。从这个角度看，领导者在谈判的时候，只有懂得从对方心理角度出发，在陷阱面前懂得说话迂回，才能操纵对方心理，并反败为胜，取得谈判的主动权。一场谈判如同一次战斗，要了解那么多的材料，并进行综合、分析、推理、决策，大家都没长前后眼，不能未卜先知，一不小心，就会陷入对方设定的陷阱中。为此，懂得掌握对方心理、巧妙反击很重要。

那么，谈判者在谈判过程中，如何回答才能绕开对方的语言雷区呢?

1. 委婉含蓄法

对于不便于直率回答的问题，采用曲折的形式回答叫委婉含蓄法。

例如，一位曾经犯过错误的干部在调整工资中未得到升级。他气势汹汹地跑去找有关领导质问，这个领导轻轻地回答说：“我在会上念了这次升级的规定，你自己应该清楚不能升级的原因啊！”这位干部顿时满面通红，羞愧交加地走了。如果这位领导直率地说：“这是因为你犯了错误啊！”那么势必会伤害这位干部的自尊心，很难收到好的效果。同样，谈判过程中，对于对手提出的某些问题，如果你觉得不便直率回答，那么，也可以采取这种回答方式，既不伤感情，又态度明朗，能起到一箭双雕的作用。

2. 答非所问法

所谓答非所问法，就是指谈判者对对手提出的问题不便或不愿意回答时，选择回答其他的问题，故意将问话者所提的问题引开。

第6章

慎重表达，不可触犯谈判禁忌

谈判既是口才的角逐，也是智力的较量，它不同于朋友之间的聊天，也不同于任何一种半正式的商务活动。它非常功利，语言更注重务实和严谨。那么，在谈判中哪些语言是最好慎重使用，哪些语言是禁止使用的呢？有些禁忌语，一旦不小心使用，就会引起对方的反感；有些表达方式，则常常使谈判陷入僵局。谈判者如果不想因个人一语而让整个谈判陷入被动，就必须了解谈判桌上的语言禁忌。

三思而后言，少暴露信息

现代社会，对于谈判者来说，谈判已经成为他们必须执行的新职能，谈判者不仅要善于运用谈判手段更广泛地处理和开发同外部的关系，更要懂得如何在谈判中为所在单位与企业争取利益。但成功谈判并不是一件容易的事，首先要求谈判者在谈判中做到冷静处理、言谈谨慎。在谈判中，一般情况下，双方站在利益的对立面，谁先暴露自己，谁就最先偃旗息鼓、狼狈败退，要想克敌制胜，就必须让对方摸不清虚实；但很多时候，对方会采取一些扰乱你情绪或者试探你“底牌”的方法。此时，你一定要小心谨慎，泰山崩于前而面不改色，在无法了解你的真实意向的情况下，他们往往不会轻举妄动；否则，你就会被对方“算计”。

在重大的谈判当中，谈判者一定要言语谨慎。如果缺少冷静，就会被凝重的气氛和压力击垮，也就不可能赢得谈判。所以我们说，冷静是应对谈判的上策。而为了达到谈判成功这一目的，谈判者在谈判前必须尽量做好准备工作，具有健康稳定的心理，必须具有对谈判中出乎意料的情况冷静处置的能力。具体来说，谈判中，为了能守住自己的实底，谈判者需要做到以下几个方面。

1.“我还需要仔细考虑，请给我一点时间”

谈判过程中，如果对方逼你表态，而你无法作出抉择，你

就可以大胆坦言：“我还需要仔细考虑，请给我一点时间。”这不仅可以帮你省去许多麻烦，也是提高你冷静应对能力的重要手段。

而从逻辑上讲，这也是谈判的战术之一。当然，你向对方表明此刻无法作出决定时，需要附之以适当的理由。只要言之成理，大多情况下会得到对方的谅解。即使当时没有得到对方的谅解，你也向对方表明了自己不是一个态度暧昧、优柔寡断的人。这个时候，你在谈判中就会处于相对主动的位置。

2. 驾驭自己的情绪，懂得忍耐

很多时候，我们与谈判对手的较量，其实就是心理的较量，谁先缴械投降，谁就输了。任何人都是有情绪的，谈判者自然也是如此，但你千万不能因为自己的情绪而暴露自己，让对手有机可乘，对此，你需要掌握一些控制自我情绪的方法。

其实，喜怒哀乐是人之常情，愤怒是一种激烈的情绪的表现。比如，谈判中，当对方提出的某些条件让你觉得不可思议，甚至触犯了你的底线时，你可能会愤怒，但此时，你要明白，在涉及利益的谈判中，愤怒只会泄露你的内心情况。为此，你必须理性地控制，锻炼自己的自控能力，多考虑愤怒的后果。

一些谈判者在谈判过程中，一旦遇到对手的拖延战术，便显得急躁不安，继而失去原本守住的有利地位。要克服急躁，需要谈判者培养自己的忍性，沉着冷静，学会冷处理。

3. 具备敏锐的观察力

与人谈判，必须具备敏锐的观察能力。只有这样，你才能发现对手是否在试探你。否则，输给了别人还被蒙在鼓里。

一般来说，具备敏锐的洞察能力的谈判者，无论是处理日常工作，还是谈判，多半会轻松简便得多！当然，谈判过程中的观察，无外乎针对对方的眼神、动作以及语言！

4. 保持客观的态度

一般来说，谈判者想要成功谈判，必须探知对手的内心世界，从而攻破对方心理堡垒；但无论使用什么方法，一定不要让他知道你的企图。为此，在说话时，你要保持公正客观的态度。如果对方发现你说话时带有某些情绪色彩，那么，你就很容易被对方识破。因为一般来说，你探知对方的企图越明显，他越会觉得你“图谋不轨”，你要刻意影响他；相反，如果你无意地说几句话，假装不在意地提问，他反而会没有心理阻抗，也不会认真地琢磨你说的话，因为他觉得你没有操纵他的意图，如果他的想法被你猜中，那么，他将会“中招”，将自己的真实意图脱口而出。

关键时刻作好情绪管理

在谈判过程中，最忌讳的事情是谈判者慌乱、狂躁不安、自乱阵脚、言语过激，以至于语无伦次、漏洞百出。虽然这样发泄了己方心中的怨气，却恰恰给了对手可乘之机，同时自己也将陷入被动。因此，哪怕谈判形势危急，也需要控制好自己的情绪，喜怒不形于色，占据心理优势，积极寻找对策，伺机反击。谈判中常常会出现一些争执，这是极为正常的现象，但谈

判并不是吵架，不是你将对方骂倒你就赢得了所有的胜利。反之，如果对手用侮辱性的语言激怒了你，而你火冒三丈、出言不逊，那你的处境将由主动变为被动，这样你就只能被对手牵着鼻子走了。

大多数的谈判者都是从一些虚假的数字开始的，双方希望谈判朝着对自己有利的方向发展。在某种程度上，利己就是损他，针锋相对是没办法避免的。而针锋相对则意味着双方情绪的直接较量，这个较量包含两个方面：对自己情绪的控制，让自己不受眼前的问题的太多影响；判断对方的情绪变化，从而判断对方的底线和接受程度。

美国前国务卿基辛格是一位善于控制自己情绪的人。有一次，他在德黑兰短暂停留。当晚，伊朗首相邀请他去看舞女帕莎表演。基辛格看得很专心，帕莎表演结束，他还跟她闲侃了一阵。

第二天，一名记者当众与基辛格打趣："你喜欢她吗？"基辛格很恼火，心想这帮好事之徒真是不放过任何一个细节，但表面他仍然一本正经地回答那位记者："不错，她是位迷人的姑娘，而且对外交事务有浓厚的兴趣。"那记者很快就上当了："真的吗？"基辛格回答说："那还有假？我们在一起议论了限制战略武器会谈，我费了些时间向她解释了怎样把ISS-7导弹改装在V级潜艇上发射。"

众人哈哈大笑，而那位记者也自讨没趣。

谈判形势紧迫，不论采取何种方式来控制自己的情绪，都需要及时、有效地熄灭心中的怒火。如果任由情绪爆发，就会导致你说出一些不应该说的话，做出一些不应该做的事情，到时候可谓是后悔莫及。即使情况已经非常糟糕，也还是要镇定自若，这才算是谈判桌上的高明谈判者。在谈判中，任何的意气用事，都会给自己留下难以弥补的遗憾。

中国某公司与日本某公司在上海著名的国际大厦商谈，双方围绕进口农业加工机械设备进行了一场别开生面的谈判。谈判一开始，日方先报价，首次报价为1000万日元，这是第一轮谈判。不过中方已经调查了国际行情，于是中方代表直接说："这个报价不能作为谈判的基础。"对中方的这样回答，日方感到很吃惊，为了挽回局面，日方开始转移话题，介绍产品的优良质量。而中方依然回答："不知道贵国生产此种产品的公司有几家？贵公司的产品优于A国、B国的依据是什么？"顿时，日方陷入尴尬的境地。不过日方还是忍住了，他暂时离席，然后神色自若地回到谈判桌前，问自己的助手："这个报价是什么时候定的？"他的助手早有准备，对这样的问话自然是领会了，便说道："以前定的。"于是日方主持人笑着解释说："哦，时间太久了，不知道这个价格是否有变动，我们只好回去请示总经理了。"

实际上，在关于控制情绪这个问题上，在谈判过程中，当我们遇到无法摆脱的困境或其他必要的情况时，我们还可以借助于突如其来的情绪宣泄达到震住对方、促使其妥协的目标。例如，在苏联，某些人在谈判中，经常无理地将文件扔在一旁，径直从会议中离席而去，甚至会做出一些人身攻击的无礼举动，而这所有的一切都是一种激怒对方的手段。

1. 巧妙控制自己的情绪

在谈判中控制情绪最简单的方法就是适当沉默，或是整理

自己面前的文件，或是喝一口茶，或是看看手表，或是留一些时间来思考对策。

2. 镇定地对待对手的言语刺激

有时对手是为了让我方阵脚大乱，因此故意说一些带有侮辱性的语言。对方情绪越是激动，我们越是要镇定自若，牢牢地把握谈判中的主导权。

3. 保持冷静

谈判者应该注意保持冷静、清醒的头脑。保持清醒的头脑就是保持自己敏锐的观察力、理智的思辨能力和言语行为的调控能力。一旦发现自己心绪不宁、思路不清、反应迟钝就应立即提出暂停谈判，通过休息、内部相互交换意见等办法让自己得以恢复良好的状态。

4. 保持正确的谈判动机

谈判者要始终保持正确的谈判动机，商务谈判是以追求谈判的商务利益为目标的，而不是为了追求虚荣心的满足或其他个人实现，我们需要防止自己在对手的讽刺、奚落或赞美中迷失方向。

5. 对事不对人

谈判者在谈判过程中，需要将人和事分开，处理问题遵循实事求是的客观标准，避免为谈判对手真真假假、虚虚实实的手腕所迷惑，乃至对谈判事物失去原本拥有的判断力。

有些禁忌语言不能说

在交际场合，经常听到有人强调“口德”。那么什么是口德呢？口德最根本的一点就是在谈话中重视对方的存在，考虑他们的心理感受，在言语上不刺伤他们的自尊心。我们应该知道，语言是一个人综合素质的外在反映，一个没有口德的人，所讲出的每一句话不仅没有丝毫的吸引力，还会遭到别人的抵触和反对。其实，何止在交际场合，在谈判场合，我们更需要注意用语言彰显自己的尊重意味，不要以为对手不是朋友，言语之间就可以随意。其实，越是在谈判这样的场合，越需要运用礼貌的语言，给予对手充分的尊重，从而达到拉近彼此之间心理距离的目的。

美国有一位总统，在他庆祝成功连任的时候开放白宫，邀请100多名儿童前来做客，和他们进行亲切的“会谈”。

“您上学时是不是和我们一样，有一个最糟糕的学科，也经常受到老师的批评？”一个叫汤姆的小男孩问总统。总统回答说：“我的品德课不怎么好，因为我在上课的时候经常不注意听讲，喜欢乱说话，干扰了别人的学习。因此老师经常批评我。”

总统的回答，让本来有些拘谨的现场变得活跃起来。

有一个来自洛杉矶贫民区叫露西的小女孩对总统说，她每天去上学的时候都感到十分害怕，因为她不知道在路上会发生什么事，害怕受到坏人的伤害。

总统听完她的诉说，就收起了笑容。他诚恳地对露西说：“我知道现在小朋友过的日子不是特别如意，因为在有关毒品、枪支和绑架等问题的处理上，政府做的是远远不够的。我

希望你好好学习科学文化知识，等将来有机会了，参与到国家的正义事业中去。我想，只有我们正义的人联合起来和坏人进行毫不妥协的斗争，才能改变不如意的现状，让我们的生活变得更加美好。”

总统的回答让每个小朋友都十分感动，他们把这位长自己几十岁的老人当成了可以依赖的对象，和他成了“忘年交”。那些在场外的孩子家长通过电视看到这样的说话场面，也禁不住热泪盈眶，同时感到总统是一个十分亲切的人。

总统对待前来到访的小朋友，没有任何的架子，甚至在说话的时候也不是用一个过来者或者大人的口气，这样就让那些小朋友感受到了尊重和真诚。于是，小朋友们觉得，总统和他们之间没有任何的距离，大家都是普通人，总统是他们可以亲近、可以信赖的“大朋友”。

我们可以从总统接待小朋友的故事中明白这样一个道理：在日常谈判过程中，一定要注意尊重对方。只有给对方以充分的尊重，才能够拉近双方的心理距离，从而顺利地实现思想沟通，让对方从内心接受自己。假如我们在交流过程中用高高在上的姿态、硬邦邦的口气来对待别人，那么就会显得我们毫无素养，对方也会因为我们的态度不够尊重而勃然大怒、拂袖而去。

1. 给对方一顶高帽

每个人都是有着虚荣心和自尊心的，因此每个人都希望自己被别人高看一眼，而不愿意被他人小瞧。这就要求我们在和别人说话的时候要注意用一些适当的语言来抬高一下对方，使他有一种“惺惺相惜”“英雄识英雄”的感慨，从而愿意主动地和我们进行交谈。另外，在和年龄、社会地位与我们有着一定差距的人面前，更要注重抬高对方，以免让他有受到冷落的思想倾向。

2. 学会倾听

谈判是由双方共同完成的事情，假如一个人在那里滔滔不绝、唾沫乱飞地唱着独角戏，就会让对方明显感到受冷落，在无法表达个人思想之余，他会觉得你无视他的存在，从而对你的不懂人情世故产生不满。因此，我们在和别人交谈的时候，一定要留给对方表达思想的空间，而且，在对方说话的时候，要认真地倾听，从而显示出我们的诚意。

3. 记住对方的名字

这种方式通常是用于和陌生人的谈判中。在交际场合中我们经常会遇到一些有过一面之交的人，在这个重逢的时候，在你和他谈判的过程中，如果你能够给予一个亲切的微笑，准确地叫出他的名字，那么，对方的心里就能了解到你对他的看重，从而对你充满感激。

4. 不要随便指出对方的错误

别人在言谈之间难免会有一些言辞或者观点上的错误，在这个时候我们不要随便去指责对方的错误，那样只会让对方觉得你是在践踏他的尊严，对你产生反感的情绪。这个时候，你不妨采取沉默的态度，或者是转移到其他话题上去。

将心比心，推己及人

当今社会是一个重视自我的时代，每个人都有一个独立

的认知观念和价值体系，平等和自由的思想成为这个时代的共识。正所谓“己所不欲，勿施于人”，在这个讲究自由平等的时代里，每个人都不愿意自己的思想受到别人的控制和干涉，每个人的行动只会服从于个人的思想意识，而不受别人的支配和指使。这也就要求我们在谈判过程中照顾到谈判对手的自尊和心理。当我们在进行劝说和说服的时候，切记不能生硬地将自己的思想强加给对方，而应运用合理的方式和方法。

晏子是春秋后期齐国著名的政治家，他不仅在治理国家上有着非凡的能力，同时也是一名出色的口才高手。他每次向国君提出的建议，都能够得到国君的重视和采纳。其中的秘诀就在于，他从来不会将自己的想法强加给国君，而是通过比较巧妙的方式让国君对一些错误的决定有一个清醒的认识，从而主动地去改正。

有一次，齐景公和晏子聊天，无意间问了一句：“您的家离市场这么近，知道现在什么东西最贵、什么东西最贱吗？”

晏子早就对齐景公的滥施酷刑有意见，当齐景公问起这件事的时候就灵机一动，一本正经地说：“启奏皇上，现在市场上价格最贵的是假脚，最便宜的是鞋子！”

齐景公一听，十分纳闷，就问：“为什么假脚最贵、鞋子最便宜呢？”

晏子回答说：“现在的老百姓犯法的太多了，有一些小的过失就会被砍去双脚，现在临淄大街上有很多这样的人，鞋子对他们来说是没有用的，而假脚却总是供不应求。”

齐景公听后半天说不出话来，最后自言自语地说：“是不是现在的刑法太重了？出现一些小的过失就被砍去双脚也实在太残忍了。这样，老百姓连改过自新的机会也没了……”于是，他第二天就发布命令，废除了那些酷刑。

哪怕是在最宽松的气氛中，改变别人的主意也绝对不是一件容易的事。假如你想让个人的观点和建议得到对方的认同，就要在技巧和方法上下功夫，让对方在无意的情境中接受你的建议。尤其是谈判中更是如此，因为每个人都有各自的思维和想法，当你在阐述自己的观点时，请考虑一下对方的意见以及接受程度。

在生活中，一位丈夫对不注重自己形象的妻子提出意见说：“以后你出门的时候要多注意一下自己的形象，别和乞丐婆似的走在大街上，让人家笑话，也让我难堪。你看看邻居李先生的老婆哪天不是穿戴得整整齐齐的，你就不会向人家学学吗？”妻子听到这话肯定会感到不高兴，她非但不会接受丈夫的意见，反而会反唇相讥：“学学人家？人家的丈夫可是大公司的老板，你有人家李先生的钱多吗？你要是成了亿万富翁，难道我还不会打扮？”

在上面这个案例中，妻子不是不知道自己的缺点，但是丈夫的这种表达方式无疑是在伤害她的自尊。为了捍卫自己的尊严，她也只能这样回敬丈夫。如此一来，丈夫的劝说非但没有达到预定的效果，反而会加剧夫妻之间的矛盾。

1. 提意见不宜直白

在我们的生活中，经常可以看到这样的情形：当你好心好意向对方提出建议的时候，对方听了却感到十分不高兴。其实这并不是因为别人不识好歹，反倒是我们应该对自己的说话方式进行一番自我检讨。毕竟，单有为他人着想的良好愿望还是不够的，最重要的是选择一个合适的方式。聪明的人从来不会

对别人说“你这样做不对”“事情应该是这样的”之类的话，因为那样说只会引起争端，让别人对其产生敌视的心理。聪明的谈判者总是会选择一种比较巧妙的表达方式，让对方在没有任何思想压力的前提下去听取他的意见和建议。

2. 不要把自己的意见强加给对方

当你把自己的意见强加给谈判对手的时候，往往会让对方觉得你有一种自以为比别人聪明的心理，哪怕你的意见和建议是多么合理合情，也会让对方觉得你是在盛气凌人地压制他，以致不愿意接受你所说的每一句话、每一个字。遇到这样的情况，你的谈判就会不可避免地走向失败，而且，时间长了，你也会成为谈判场合不受欢迎的人，这是我们每个人都不愿意看到的现象。因此，在实际谈判中要注意自己的言行，避免出现这样的悲剧。

尊重礼仪，给对方面子

中国人历来比较注重面子的价值，人们都把自己的面子看得很重要。“面子”这个古老的中文词汇在它诞生之初就有了非比寻常的意义，以至于我们很多人无法不重视它的存在。人们在无法判断某人的才华能力或权力地位的时候，就会根据其是否能博得面子来判断其为人。于是乎，诞生了这样一句话：“交际场上，面子大过天。”大多数人都明白这样的道理，自然也懂得在谈判过程中维护他人的面子。可是，对于某些人来说，他们偏偏不认这个死理，说话咄咄逼人、信口开河，丝毫不顾及别人的情面，以至于闯下大祸。

在日常谈判中，最忌讳的是沟通出问题。本来只要见好就收，对方也就不再声张了，可有的人就是管不住嘴巴，硬是多说了那么几句或一句，结果，扫了对方的面子，搅黄了整个沟通，而且得罪了对方，这简直是得不偿失的事情。所以，在实际谈判过程中，不管你想表达什么观念或意见，尤其是涉及情面的事情，见好就收吧，别不留情面，否则，苦头只有你自己吃。

纽约市泰勒木材公司的销售员克洛里，由于当面指责客户的错误，得到过很多深刻的教训。对此，他总结说："很多次上当吃亏，让我认识到，当面指责客户是一件多么可笑的事情。你可以赢得辩论，但你什么东西也卖不出去。那些木材检验员，顽固得就好像是球场上的裁判，一旦判错，绝不悔改！"

有一天，克洛里正在上班，电话铃响了。克洛里拿起电话，听筒里传来一个焦躁愤怒的声音，抱怨他们运去的一车木材大部分不合格，那车木材卸下四分之一之后，木材检验员报告，有55%不合格，决定拒绝收货。克洛里马上乘车到对方工厂去，他基本上可以猜到问题的所在。如果在以前，克洛里到了那里，肯定会引经据典指责对方检验员的错误，斩钉截铁地断定所供应的木材是合格的。但现在克洛里觉得不应该这样做，自己不能伤客户的面子，这样才能让问题得到妥善合理的解决。

克洛里到了工厂，供应科长板着面孔，木材检验员满脸愠色，只等他开口就好吵架。克洛里见到他们，笑了笑，根本不提木材质量问题，只是说："让我们去看看吧。"他们默默地跟着走到卸货卡车旁边，克洛里请他们继续卸货，请检验员把

不合格的木材一一挑选出来，摆在另外一边。克洛里看检验员挑选了一阵子，发现自己的猜测是正确的，检验员检验得太严格了，而且他把检验杂木的标准用于检验白松。克洛里并没有对这位检验员进行任何指责，只是轻言细语地询问检验员木材不合格的理由。

由于克洛里和颜悦色，以一种十分友好合作的态度虚心求教，检验员的脸色渐渐好看起来，双方剑拔弩张的气氛也缓和了。慢慢地，检验员的整个态度改变了。他坦率地承认，自己对检验白松的经验不多，并反过来问克洛里一些技术问题。克洛里这才谦虚地解释为什么运来的白松木材全部都符合要求。克洛里一边解释，一边多次强调，只要检验员依然认为不合格，还是可以调换的。

那位固执的检验员终于醒悟了，最后，他自己指出，他们把木材等级搞错了，按照合同要求，这批木材全部合格。当然，克洛里也收到了一张全额支票。

尽可能克制自己，不做当面指责别人的蠢事，凭借这一点，克洛里让一桩生意起死回生，避免了一大笔损失。更关键的是，克洛里与这家工厂、与这位木材检验员建立了融洽的关系，这一点是异常宝贵的。

1. 态度温和

人人都好面子，假如你让谈判对手失去了面子，你就不会从他那里得到什么好东西。对方都喜欢我们在人多时态度温和、言语轻柔地带着一种尊重的语气向他述说，不喜欢被别人当场指正。如果我们保全对手的面子，对手也会十分尊重我们，为我们保全面子，从而与我们互相支持、互相配合。

2. 肯定和抬高谈判对手

每个人都是好面子的，都喜欢在别人面前展现自己所长。在谈判过程中，我们偶尔会遇到聊天的机会，这时应该把握时机，肯定和抬高对方，让对方对我们产生好感，使我们的工作得以顺利地进行。因此我们应该抓准机会在别人面前推荐客户所长，赢得客户对我们的刮目相看。

3. 给对方留面子，就是给自己面子

许多人不知道这样一个道理，你给别人面子，其实就是给自己面子。可能在现阶段对方的处境并不怎么样，但是，你也没必要赶尽杀绝，硬要扫了他的面子。凡事多与人为善，今天你给对方留面子，日后他肯定会把这面子留给你。

4. 避开对方的隐私

隐私就是不可公开或不必公开的某些事情，有可能是缺陷，有可能是秘密。因此，我们在进行语言交流的过程中，要避开彼此的隐私，即使无意中提到了那么一两句，也需要见好就收，别不留情面。

5. 得饶人处且饶人

在谈判中，有可能会出现这样的情况：对方无意之中犯下了错误，而你却总是揪着对方的错误不放，说话越来越过分，丝毫不顾及对方的情面。其实，不管对方是无意还是有意，既然错误已经发生了，再说那么多的话也于事无补，所谓“得饶人处且饶人”，批评的话也见好就收吧，别不留情面。

争辩是毫无意义的事情

谈判专家这样告诫我们："千万不要就不同意见和对方争辩，这样只会导致对抗，特别是谈判刚开始的时候。"当双方之间出现分歧的时候，不要立即反驳，反驳只会强化对方的立场，学会使用"感知"的方式表达自己的立场。在适当条件下使用"他""他们"等第三人称，以避免使用"你""我"这种第一、第二人称导致的对抗情绪。假如对方有争辩的想法，那我们就要想办法化解对方的负面情绪，如，"我完全理解你的感受，很多人都有和你相同的感觉。但是，你知道吗？在仔细研究这个问题之后，我发现……""我完全理解你的感受，有些客户在第一次听到我们介绍时也是这么想的，可是仔细分析一下影响产品的质量的因素，他们总是会发现……""我同意你的说法，还有一些客户也是这么说的，可是实际使用后，他们发现，很多影响质量的因素并不是那么明显，比如……"如果客户听到一些谣言后来质疑我们，我们可以说，"是的，我听说这件事了，类似的谣言并不止这一条，现在我们有一年订购几百台的大客户，还有德国、法国、英国等客户都和我们有独家代理协议，所以我们并没有什么问题。"

纳森是一名所得税顾问，最近因为一项9000美元的账目问题而与一位税收稽查员发生了点争执。纳森认为这是应收账款里的一笔呆账，根本没办法收回，所以不应该征税；而稽查员却始终不相信，认为他在要花招。纳森越是争辩，稽查员越是固执。

于是，纳森决定换个话题，尽可能不刺激对方的敏感神经。他说："和你比起来，我做的这些工作简直是微不足道。我也曾研究过税务问题，但那都是书上讲的，枯燥乏味，一知半解。而你的知识和经验却全部来自业务实践。所以，其实我很想请教一些这方面的问题……"他说得很认真。

稽查员听完，气也消了很多，开始友善地谈起自己的工作，还说了许多人偷税漏税的花招，并说他十分反感这些人。聊着聊着，他的口气越来越友善，最后甚至兴奋地聊起他的儿子来。临走时，这位稽查员对纳森说："我会认真考虑你的意见和问题的，并在这几天之内给出结果。"果然，三天之后，他来告诉纳森："我不再征收那9000美元的税了。"

其实稽查员争论的并不是一个谁对谁错的问题，他总是觉得自己是稽查员，自己就是权威，他要的就是一个面子。假如在工作过程中竟然有一个人与自己争辩，那自然会让他没了面子。所以，不争辩，就是给对方面子，你给别人面子、给别人自尊，就是一种智慧。

有一个学员，做汽车推销工作，但是他做得很不如意，于是向别人寻求帮助。结果，别人稍微一试探，就知道他有个毛病——喜欢与人争辩。他经常和顾客争论不休，粗暴地反对顾客的观点，每当顾客对他所介绍的汽车进行挑剔的时候，他便怒火中烧，毫不客气地大声争辩，一直弄得顾客哑口无言为止。尽管他嘴上赢了，但从没有人敢买他的汽车。

于是，有人告诉他，首先要做的不是学习什么谈话技巧，而是压制自己喜欢争辩的个性，应该清楚这是做生意，不是总统竞选。即便心里有什么不同的意见，或者发现对方有明显的错误，也应该保持冷静，以一种温顺谦和的口气加以解释，

千万不要直接指责顾客。

他耐心听取了建议，在这之后就尽可能不与别人争辩了。如果顾客说别的汽车怎么怎么好，他就一言不发，先恭敬地听完，然后说："那款车确实不错，质量很好，风格时尚，他们公司的推销员也很棒！"顾客得到了认同，自然也就无话可说了。于是，他趁此机会开始介绍自己的汽车了："这款车其实也不差……你看……"就这样，他很少与人发生冲突，销量自然很快就上升了。

当你与对手争辩的时候，或许你的观点是正确无误的，不过，如果你强迫别人改变他的观点，你将会一无所获。其实，正确与错误本身并没有多大的意义，观点是个人的，我们每个人都有坚持自己观点的权利，即便别人是错误的，你也无须要别人听从你的意见。

1. 不要说"你错了"

苏格拉底说："我只知道一件事，那就是我什么也不知道！"在谈判过程中，我们对别人观点的失误，应该抱着更多的宽容和理解，而不是说"你错了"。我们可以这样说："嗯，可能是这样的，不过我还有另外一种想法，不知道对不对……不对的话还请指正。"这样说，反而会收到很好的效果。

2. 保持温和的态度

假如我们能谦逊地说可能是自己错了，那对方自然也就不好意思再固执了。人是一种理性的动物，但我们并不总是按照逻辑规则进行思考。我们生活在一种情感之中，常常通过直觉和喜恶来判断问题。假如不高兴，即便是错的也会固执己见，甚至迁怒对方，于是很容易在无意识中犯下错误。

第7章 心理战术，审时度势灵巧应对

日常谈判就好像是一场无硝烟的计谋之战，只有运用好战术，我们才可以一举获得成功。在谈判中，要计谋多变，灵活应对。时而采用示弱之术，时而采用强硬之术，具体情况具体而论。

巧力化解，以柔克刚

人们进行谈判时，都会尽可能地为自己和所代表的利益团体争取利益，于是，“讨价还价”及“拒绝”就在所难免。对于对方发出的谈判招数，高明的谈判者都能巧妙接住，并且能在悄无声息之间进行反击，使谈判主动权迅速回到自己手中。一些谈判者也许会发出感叹，如何才能做到这一点呢？其实很简单，这里还考验谈判者的说话水平——你需要使用太极语言，巧用“四两拨千斤”，加以反击。而“四两”想要“拨千斤”，最主要的就是找准“支点”，而且必须是最有影响的点。找准这个点后，再发力时，就能起到“拨千斤”的效果。

当时，东周为了发展农业，提高农作物的产量，准备改种水稻。西周在高处掌握着水的资源，知道东周改种水稻的消息后，坚持不给东周放水。东周非常着急，于是放出话来，谁能去说服西周放水，国家将给予重奖。这时，苏秦的弟弟苏代就自告奋勇去说服西周。他到了之后就对西周人说：“我听说你们不给东周放水，这个决定可是不高明啊！”西周人问：“怎么不高明呢？”苏代说：“你们不给东周放水，他们就没有办法改种水稻，只能改种小麦。这样，他们就再也不用求你们了。你们和东周打交道也就没有主动权了。”西周人问：“苏先生，以您的意见怎么办好呢？”苏代说：“要听我的意见，你们就给东周放水。让他们顺利地改种水稻。改种水稻就常

年都需要水，这样，东周的经济命脉就掌握在你们手里了。你们一断水他们就完蛋。他们时刻都得仰仗你们、巴结你们。”西周人听了觉得有道理，不但同意给东周放水，还重重奖励了苏代。

在风云变幻的谈判桌上，双方唇枪舌剑，犹如刀光剑影。谁都想尽快探知对方的底牌，掌握谈判主动权，争取最大利益化。在这场据理力争、高智商的交锋中，谈判者一定要学会运用太极语言，以柔克刚、以软化硬，用智慧和柔术进退自如、攻守得当。

一位卖除草机的推销员，工作了好几个月，一台机器也没推销出去，领导不得不给他下了最后通牒：“如果你一个月后还是卖不掉一台，你可以回家了。”一天，转了半天的他坐在公园的长椅上一边啃着干面包一边读着报纸，突然，他眼前一亮。原来报纸上报道了总统的小花园的消息，他灵机一动，“腾”地站了起来。他回到家后，立即写了这样一封信：

“亲爱的总统先生：

“您的花园真是不错，但是草都已经长高了。我知道您工作实在太忙了，没时间打理，而您的妻子需要照顾孩子。我想，作为一个普通公民，我有义务代表所有公民为你做件事：一部除草机可以帮您减轻您和您妻子的负担……”

结果，总统看了这封信后，被他的话感动，于是买下了一部除草机。

这件事引起了强烈的轰动，人们都知道了总统用什么牌子的除草机。于是，这款牌子的机器一时间供不应求。结果可想而知，他留在了公司。

在以后的工作中，他找到了这个窍门，而且每次都会见效，他的业绩也迅速提升。

这位推销员的智慧之处在于，他让总统购买自己的机器，利用有影响力的人物打开销路。这就是四两拨千斤的作用。在谈判过程中，谈判者也可以运用这一语言技巧。如果你喋喋不休地向谈判对手阐述自己的观点，那么，换取的可能只是对手喋喋不休的回应。而此时，如果你能打好太极术，攻克其关键点，那么，整个谈判也就能攻克下来了。

1. 每个决策都需要深思熟虑

谈判者在谈判过程中说话要深思熟虑，不能顾此失彼，更不可前后矛盾。对说出的关键词、关键数字和关键性问题要牢记不忘。在讨论其他问题甚至闲聊时，也要避免说出和这些关键问题相矛盾的语言。否则将会引起对方的猜疑，而将自己置于被动的位置。同时，尽量不要跟着对方的思路走，要千方百计把对方的思维方向引导到你的思维方向上来。

2. 懂倾听之道

谈判是面对面的交谈，因此，谈判中要有一半左右的时间听对方说话。常言说“锣鼓听声，听话听音”。能不能听出对方的“音”、听了能不能作出正确的分析和判断、能不能找出对方的“软肋”或“破绽”，从而拿出应对的策略，这些都是能不能实现谈判目的的关键。

3. 让对方多说

不要打断对方，让对方多说，不要怕没有说话的机会；当对方有一种“言多有失”的警觉时，要尽力地循循善诱；高明的谈判者不仅善于倾听，还善于在不显山露水的情形下启发

对方多多地说、详细地说；重复对方的讲话，最好把他们要说的话、想说的话尽量地都说出来，以显示出你曾认真倾听了他的谈话；还要尽量判断出对方的真实意图和言语中的水分。然后，根据自己方面的原则立场，拿出一套应对的谋略。

4. 保持举重若轻的姿态

所谓举重若轻，就是一种轻松的谈判姿态。即使面对的是重大的问题、难点或者分歧较大的问题，也要保持举重若轻的姿态。这样就不至于把谈判双方的神经搞得过于紧张，甚至使谈判陷入僵局。相反，所谓举轻若重，就是面对那些鸡毛蒜皮的小问题也要以一副极其认真负责的态度去洽谈——一是表明认真负责的谈判态度，二是可以利用这些小事冲淡或化解关键的分歧。在关键问题上谈不下去的时候，也可以采取迂回战术。有时候，这些方法只要利用得当，就能助我们达到谈判日的。

懂得示弱，激起对方的恻隐之心

在生活中，人们总是同情和怜悯弱者，不愿意做落井下石之人，在这样的情况下，假如我们以弱者的身份提出一些要求，就容易得到对方的应许。在实际谈判中，在对方就某个问题要求我们作出让步的时候，如果我们没有正当理由进行拒绝，又不愿意在这方面作出让步，则可以装出一副可怜的样子向他们请求。此时，如果我们的说法让对方觉得可信，那对方极有可能因心软而作出让步。在谈判陷入僵局的情况下，这个方法是值得尝试的。

人们总是不由自主地同情弱者，不愿意袖手旁观置之于不顾，因而比较容易答应弱者的请求。当对方正犹豫不决的时候，我们不妨开口就“装可怜”，激起对方的保护欲，一旦对方觉得你的说法真实可信，他就很有可能作出让步，答应你的请求。

鲍尔温交通公司总裁福克兰，在年轻的时候因巧妙处理了公司的一项业务而青云直上。他当时是一个机车工厂的普通职员，由于他的建议，公司买下了一块地皮，准备建造一座办公大楼。居住在这块土地上的100户居民，都得因此而迁移地方。但是居民中有一位爱尔兰的老妇人，首先跳出来与机车工厂作对。在她的带领下，许多人都拒绝搬走，而且这些人抱成一团，决心与机车工厂一拼到底。福克兰对工厂领导说：“如果我们建议通过法律途径来解决问题，费时费钱。我们更不能采用其他强硬的办法，以硬对硬，驱逐他们，这样我们将会增加更多仇人，即使建成大楼，我们也将不得安宁。这件事还是交给我来处理吧！”

这一天，他来到了老妇人家门前，坐在石阶上独自地流起了眼泪。这种行为自然引起了老妇人的注意。良久，她开口发问：“年轻人，有什么伤心事吗？说出来，我一定能帮助你。”福克兰趁机走上前去，他擦擦眼泪，没有直接回答她的问题，却说：“您在这时无事可做，真是天大的浪费呀！我知道您有很强的领导能力，实在是应该抓紧时间干成一番大事业的。听说这里要建造新大楼，您是不是准备发挥超人才能，做一件连法官、总统都难以做成的事：劝您的邻居们，让他们找

一个快乐的地方永久居住下去。这样，大家一定会记得您的好处的呀！”第二天，这个强硬顽固的爱尔兰老妇人便成了全费城最忙碌的妇人了。她到处寻觅房屋，指挥她的邻人搬走，并把一切办得稳稳妥妥。办公大楼很快便破土动工了。而在住房搬迁过程中，不仅搬迁的速度大大加快，而且工厂所付的代价竟只有预算的一半。

在这个案例中，福克兰装出一副可怜的样子，用眼泪打动了老妇人的心，使对方心甘情愿地为福克兰办成一件大事。在实际谈判中，我们要善于抓住人性的弱点，这样就能使迫使对方作出利于己方的重要让步。

汽车巨头亨利·福特公司的贸易业务很忙。福特的桌子上总是堆满了各种催账单。福特每次都是大概看一眼后，就把账单扔在桌子上，对经理说：“你们看着办吧，我也不知道该先付谁的好！”但是有一次，他从一大堆的催账单中抽出一张对财务经理说：“马上付给他！”这是一张传真来的账单，除了列明货物标的、价格、金额外，在大面积空白处还画着一个头像，头像正在滴着眼泪。“看看，人家都流泪了，”福特说，“以最快的方式付给他吧！”

谁都明白，这个催账人并非真的在流泪，他之所以急着催账，有可能是另有隐情或者急需资金，但是，那催账单上几滴泪珠迅速地引起了他人的重视，使得他以最快的速度要回了大笔的货款。由此可见，“装可怜”的威力实在是不能小看啊！

1. 开口装可怜

在日常生活中，当人们在讲述自己经历过的生活，如幼年丧父、生活艰苦等不幸的经历，旁边的人都会不由自主地宽慰，并给予一定的帮助。装可怜虽然并不是人们常用的一种方法，却是非常有效的一种方法。所以，我们在谈判过程中，应该巧妙地运用这一方法，开口“装可怜”，激起对方的保护欲，换取对方因怜悯而作出的让步。

2. 用哭声打动对方

三国时期，蜀主刘备是精于哭道的高手，于是，有人戏称“刘备的江山是哭出来的”。虽然这样的说法失之偏颇，但是，“哭”的确是谈判中的“秘密武器”。在提出自己诉求的时候，不失时机地流下几滴眼泪，会激发对方的保护欲，这样一来，对方必然会爽快地答应你的请求。

3. 先批评自己

在进行实际谈判的时候，你可以率先作自我批评，“不好意思，都是我不好，给你带来了麻烦”，装一下可怜，使对方产生同情，以此来达到自己的目的。

4. 表示自己的无助

在提出自己诉求的过程中，你不妨通过语言表现自己的无助，如“我也是没有办法，不然，我是无论如何都不会来麻烦你了，还希望你能够帮我这个忙”“现在我是一点办法都没有了，希望你能在这个问题上作出让步，否则我没法回去交差啊”。对方看到你无助的样子，定会毫不犹豫地答应你的请求。

以情动人，让对方甘愿服从

老子有一次讲学时问他的学生，是小草强大还是大树强大，学生说大树强大。老子又问，那大风来了是小草先倒还是大树先倒，学生说大树先倒。老子问是牙齿坚硬还是舌头坚硬，学生说牙齿比较尖利。老子说：我这个年龄牙齿不在了舌头犹存。一问一答中，老子阐述出“以柔克刚”的深刻道理。其实，我们在谈判的过程中，也需要运用“以柔克刚”的方法。当我们使用强硬语风的时候，需要考虑对方是否能听进去，语言的威慑力再大，如果对方听不进去，那也是枉然，这时候，不妨使用柔和的语风，让对方听进去，以便有效地融化对手心中的冰山，达到说服对方的目的。

在语言表达过程中，能够最快影响他人心理的方法不是最直接的方法，而是迂回曲折的方法。在谈判过程中，刚硬的语风也很有影响力，但对方不一定能听得进去；使用柔软的语风，可能需要在说话之前花功夫润色，但对方往往能够听进去。

魏征在朝廷上与唐太宗争得面红耳赤。“总有一天，我非杀了这个乡巴佬不可！”太宗回到后宫后愤愤地说。“这个乡巴佬是谁？”长孙皇后连忙问道。“当然是魏征！他总是当着众臣的面侮辱我，实在是让我难堪！”长孙皇后听后立即退了下去。过了一会儿，她换了一身上朝的礼服，走到太宗面前叩拜道贺。“你这是什么意思？”太宗疑惑地问。“我听说，只有明君之下才会有忠直的臣子，”长孙皇后认真地说，“现在魏征敢于直言进谏，是因为陛下贤明，我怎能不庆贺呢？”太宗听后转怒为喜，决定重用魏征。

《墨子·贵义》中说："以其言非吾言者，是犹以卵投石也，尽天下之卵，其石犹是也，不可毁也。"太宗正在气头之上，硬碰硬地为魏征求情显然是没有用的，长孙皇后从另外一个角度出发，通过柔和的语风，以柔克刚地劝谏，及时说服了太宗，挽救了忠臣魏征的性命。

在谈判过程中，最忌讳的就是直来直去、以刚硬的语风来表达自己的意见，这样的话，即使自己真的有理，往往也得不到有效的回应。这时候，我们需要以柔和的语风来应付对方锐不可当的气势，以达到说服对方的目的。

有一次，陶行知校长在学校见到两个男同学在打架，便让其中挑起事端的那个同学到校长办公室一趟。陶校长到了后，那男生已经站在那儿了。陶校长便说："你在我之前到，说明你很讲信用。这块糖奖给你。"那男生原以为会听到严厉的批评，因此吃了一惊。陶校长又继续说："我调查了一下，你打那个同学，是因为他欺负女生，这说明你很有正义感，这块糖也是奖给你的。"说着又掏出了一块糖。那男生再也忍不住了，哭了起来，边哭边说："这事我不对，我不应该动手打人。"陶校长一听，又掏出一块糖，说："我还没有说，你自己就能认识到错误。这块糖也是奖给你的。"又掏出最后一块糖。

陶行知校长用柔和的语风对男同学的错误行为进行了批评教育，所达到的效果却非常好。如果他以刚硬的语风将男同学批评一顿，那肯定会激起男同学的逆反之心。其实，无论是在说服对方还是在谈判的时候，我们都应该以柔和的语风来打动对方，毕竟柔和的语风更易收到效果。

在日常生活中我们可以发现，人们通常比较尊敬那些说话柔和的人，事实确是如此。柔和的语风，在遣词造句、声调、语气上都有一些特别的要求。比如，在交谈时要使用谦词敬语、礼貌用语、赞美词，以表示尊重对方的感情和人格，赢得好感。但同时，语言内在的威慑力并没有因为言辞的柔和而受到丝毫的影响。所以，在谈判过程中，我们要善于运用以柔克刚的语风，令对方折服。

1. 放低姿态

我们在进行语言表达的时候，需要把自己的姿态放低，这样才能表达出“柔和”的语风。比如，“我只不过是个小科长，还是个副的，手里能有多大的权力？”以降低对方的警惕性，以柔克刚，影响其心理，达到说服对方的目的。

2. 语气温和

在交谈中使用敬语谦辞、礼貌用语，语气谦逊，以表示对对方的尊重，赢得好感。比如：“您好，我已学了不少电器方面的知识，您看哪个方面还有差距，我一项项来弥补。”

3. 声调恳切

柔和的语风还需要恳切的声调，这样才更容易打动对方。比如，“天气这么热，我花大价钱办一笔赔本的买卖，我也担不起这个责任，还希望您能够高抬贵手”，这样柔和的表达，对方很难拒绝。

柔中有刚，打好心理战

语言是人们进行思想情感交流的重要工具，而语言的表达方式则多种多样，时而柔和，时而犀利，时而强势。在这其中，“舌战”是人们语言的激烈形式之一，同时，舌战也是一场智力的较量，这时候我们需要运用“犀利”的语言，适时说一些“硬话”。犀利的语言是指在语言表达的内容中有比较犀利的成分，因此对语调、语气都有特殊的要求。我们要善于把犀利的语言隐藏在话语中，通过语言真正击中对方的要害，使其有所顾忌，令其知难而退，最终达到征服对手的目的。

在谈判过程中，我们经常会使用到一些强硬的谈判语言。通常谈判者将商讨看成一种智慧、意志与口才的较量，不把对手看成合作对象，而是当成“敌人”。在某些特定的谈判场合中，立场越坚定、语气越强硬，压倒对方大获全胜的可能性就越大、机会就越多。

春秋时期，秦国准备袭击郑国，走到滑同时，这个消息被郑国的商人弦高知道了。弦高原打算去周国做买卖，但他不忍心自己的国家蒙受损失，便打算劝秦国主将改变主意。弦高知道，如果以硬对硬，肯定会适得其反。于是，他带着4张熟牛皮作礼物，又赶了12头牛去犒赏秦军。他故作恭敬地说：“我国国君听说您将行军经过敝国，特地派我来犒劳您的随从。”

虽然弦高这话说得十分客气，但字里行间透露出强硬的语气，他的弦外之音是：“你们要偷袭郑国，但这个消息已经走漏出去了，郑国早已经有了准备。由于秦强郑弱，郑国才派出了使者慰劳秦军，以尽礼仪之道。如果秦国不识相，那就只好兵刃相

见了。”他那软中带硬的言辞，无一不透露出犀利的意味，语言内容中带着比较强硬的成分，令秦军刮目相看。

1984年，里根为了竞选总统，与对手蒙代尔展开了一场电视论辩。在论辩中，蒙代尔自恃年轻力壮，竭力攻击里根年龄大、不适宜担此重任。里根回答说："蒙代尔说我年龄大而精力不充沛，我想我是不会把对手的年轻、不成熟这类问题在竞选中加以利用的。"如此一句绝妙的回答立即博得全场的热烈掌声，论辩结束之后，里根当选总统。

面对蒙代尔的攻击，作为年长者的里根如果以牙还牙、开口大骂，不免有失身份；但如果装聋作哑，那么在蒙代尔的锐气面前又显得气势低下了。于是，里根客气地予以反击，以犀利的语言抨击了蒙代尔作为年轻人的浅薄和狭隘。貌似客气的一番说辞，却毫不客气地一针见血地指出了对方的"不成熟"，有力地反击了对手，更在观众面前树立了自己更能胜任总统的形象。他那强硬的语言，使得自己最终赢得了胜利。

当谈判者遭遇对抗性的谈判，在自己一方占绝对优势，掌握主动权时，或被逼上梁山、准备背水一战时，不妨采用强硬的谈判语言，但是不宜滥用。假如在商务谈判中遭遇强硬的对手，可采取在语言上针锋相对、据理力争，坚决不示弱，先打消对方的气焰；也可采取以柔克刚，避免矛盾激化，令对方不好意思强硬到底，从而改变说话的态度，以便谈判顺利进行。

1. 柔中带硬的语气

为了使整个语言彰显出犀利的语风，我们在说话时需要使用柔中带硬的语气。换句话说，我们说话的态度是柔和的，但话语中包含着强硬的成分，这样的犀利语风会令对方刮目相看，如“听你这么一说，我确实没有见过你们这样独特的礼貌方式”。

2. 巧用“绵里藏针”

我们在说话时需要巧用“绵里藏针”。使用这一技巧时，关键在于你的“针”既要硬，又要扎得准，这样才能击中对方的要害，令其刮目相看。

3. 委婉含蓄的表达

犀利的语风隐藏在字里行间，不需要直接用强硬的话说出来。因而，我们在进行语言表达的时候，需要使用委婉含蓄的表达方式，把话说得很艺术，又要能对他人心理造成影响，让对方明白你话里的锋芒所在。

利用强势语言向对方施压

在某些场合，为了达到说服对方的目的，我们需要适时运用强势的语言表达一种坚定的立场，迫使对方听命于我们。虽然，在日常交际场合，我们并不提倡用强势的语言，因为这或多或少会给对方造成一定的伤害，但是，在一些特殊的场合，如谈判场合，有时则需要运用强势的语风。俗话说：“商场如战场。”谁利用语言占据了上风，谁就会成为最后的大赢家，这时候，强势的语言会成为一种巨大的力量，它会向对方施加一定的压力，迫使对方妥协，最终达到己方的目的。所以，在一些比较特别的场合，我们可以运用强势的语言，迫使对方听命于自己。

在很多时候，人们好像误解了“强势语言”这一说法。于是，他们对于别人的事情都要强势过问，说话语气也很强势，口头禅经常是“你错了”“我跟你说”，或者在说话时喜欢用食指戳着对方，总想教导对方怎么样，不管对方听不听。其实，这样的行为只能表现出你是一个强势的人，无法真正地使对方服从于你。真正强势的语言是巧用“坚定的语调、逼人的语气”，呈现出强势的态度。

日本一家著名的汽车公司在美国刚刚“登陆”时，急需找一家美国代理商来为其销售产品，以弥补他们不了解美国市场的缺陷。当日本汽车公司准备与美国的一家公司就这个问题进行谈判时，不料日本公司的谈判代表因路上塞车迟到了。

美国公司的代表紧抓住这件事不放，想要以此为手段获取更多的优惠条件。日本公司的代表发现无路可退，于是站起来说：“我们非常抱歉耽误了您的时间，不过，这绝非我们的本意，我们对美国的交通状况了解不足，所以导致了这个不愉快的结果，我希望我们不要再为这个无所谓的问题耽误宝贵的时间了。假如因为这件事怀疑到我们合作的诚意，那么，我们只好结束这次谈判。我认为，我们所提出的优惠代理条件是不会在美国找不到合作伙伴的。”

日本代表的一席话说得美国代理商哑口无言，美国人也不想失去这次赚钱的机会，于是谈判顺利地进行下去了。

谈判过程中的适时强势就是通过语言或行为来表达己方强硬的姿态，从而获得对方必要的尊重，并借以制造心理优势，促使谈判顺利地进行下去。当然，我们在使用这一谈判策略的时候，一定要谨慎，假如在谈判之初就想办法显示自己的实力，使谈判一开始就处于剑拔弩张的气氛中，那会给整个谈判带来不利的影响。当我们发现谈判对手在刻意制造低调气氛，而这种气氛对己方的谈判十分不利时，假如不把这种气氛扭转过来，将会损失自己的利益。这时，我们就要需要使用强势的语言。

那么，如何才能让语言彰显出一种逼迫人的强势力量呢？

1. “长话短说”

我们在进行语言表达的时候，要尽可能“长话短说”，只需要把自己的意见表达清楚即可，无须在那里啰唆，一旦你说得太多，就有可能消减“强势”的语风。比如，“在这个问题上，没有什么可商量的”。

2. 逼人的语调

为了增添强势的语风，我们需要使用“咄咄逼人”的语调，向对方施加一定的压力，影响其心理，迫使对方作出让步，最终达到自己的目的。

3. 毋庸置疑的语调

当我们在阐述自己的意见或想法的时候，需要运用毋庸置疑的语气，坚定自己的立场，这样的语言表达方式会令对方感受到压力，不得不服从于我们。

适当威胁，展现威慑力

在实际谈判中，有时候我们会运用到“威胁术”，即在谈判中提出一些具备侵略性的提议，强迫对手同意，或者利用善

意的威胁手段改变对手的谈判期望值。在谈判过程中，谈判者对于将来的行为应作出有条件的提议或表示，以迫使对方接受某种结果或限制对方的选择。

所以，我们又可以说，谈判中的威胁是谈判一方逼迫另一方让步的一种做法。同时，威胁会让受威胁的一方感到一种压力，这种压力迫使其重新调整自己的期望值，并最终作出一定的让步，这就是威胁所需要达到的目的。我们把这种威胁称为“冷静威胁”，因为我们并不是真的在威胁对方，而是希望通过向对方施加压力而达到一定的谈判目标，所以是善意的。

Everett Collection发表在《应用心理学杂志》上的研究结果表明，虽然愤怒和激烈的语言都可能在谈判中让对方无话可说，不过，以冷静语言进行威胁，特别是在谈判的最后关头，已经被证明是让对方乖乖就范的最佳手段。

这项研究以三组实验为基础，实验对象有300多人。欧洲工商管理学院、斯坦福大学、美国西北大学及其他机构的研究者共同实施了这项实验。实验对象需要同计算机讨价还价，而计算机会以两种方式与实验者谈判，一种是十分愤怒：你提出的条件让我十分愤怒，我快要疯了；另一种则是以不带感情色彩的言辞威胁并发出最后通牒：这是我的条件，不接受的话就算了。结果研究人员发现，参与者在面对冷静威胁时，相较于面对愤怒时更容易让步。

不过，我们不要简单地以为“冷静威胁”只会对对方有影响，因为威胁通常不仅是对受威胁的一方形成压力，也会对施加威胁的一方产生一定的影响。实际上，在达到威胁目的的过程中，威胁需要与包含不可逆转的承诺价值的行动联系在一起，也就是威胁必须是可以置信的。

假如我们要让自己发出的威胁令对方接受，那必须保证我们所发出的是有效威胁，它必须包含这三个特征：高度终结性，高度具体性，后果表述的清晰性。

谈判已经进入最后阶段，但双方始终围绕着交货的时间点讨论。李先生认为必须在第四季度全部交货，以保证自己公司的正常营运，而谈判另一方表示这十分困难。李先生不得不作出最后的警告："从情况来看，你们在第四季度中交货确实存在一些困难，但如不能交货，部分车间就会停工待料，造成生产上的损失。这样，我们不得不放弃与你们交易的打算。"

谈判虽然在表现形式上只是语言交锋的过程，但实质上是一场心理的较量。在商务谈判过程中，谈判者经常会通过心理战使对方心里不舒服。在谈判中的善意威胁，就是通过威胁把对手击垮，使对方潜意识里希望尽快达成谈判协议，并在压力下作出退让。通过威胁来向对方施加压力，很有可能迫使对方作出让步。你可以把对方的所作所为将会产生的后果列出来，这样对方会更快地作出让步。

作为威胁者，我们需要认清一个道理，那就是威胁在限制和减少对方选择的同时，也限制了自己可以作出的行动和选择，所以，威胁是具有两面性的。当我们发出的威胁并不能达到预期目的时，我们就需要放弃威胁；若固执地使用善意的威胁，只会把自己和对方逼进死胡同。在放弃威胁的时候，我们可以重新表明态度并暗示背景已经改变，自然地让威胁销声匿迹，或者以更含蓄的方式来重申威胁，这样才能做到不损伤己方的尊严以及双边关系。

1. 进攻性的积极提问

谈判中为了防止过早地暴露自己，双方都会尽可能保守秘密。这时候，你可以保持极大的兴趣转入进攻性的提问，一旦你进入提问状态，对方就会感到莫大的压力。

2. 权限抑制

如果想让对方在急于求成的情况下遭遇挫折，从而降低期望值并作出让步，你可以将并不在谈判桌上的“上级”或“第三者”抬出来，声称某些问题你无权决定，然后借口上司或有关负责人认为对方条件太“苛刻”、不予批准等理由，迫使对方作出让步。

3. 最后声明

在谈判中，可以向对方发出己方不能再作让步或再等待的最后声明，这种策略态度比较鲜明，对于降低对方的期望值、增加对方害怕失去这次合作机会的心理压力、促使对方接受我方条件或者作出让步都是很有效果的。

4.“威胁”需要有度

如果威胁变成了赤裸裸的威胁，那就会让威胁变质，俗话说：“狗急了也会跳墙。”当我们的严重威胁给予对方强大的压力之后，所带来的往往是相反的效果，那无疑是两败俱伤。因此，大部分的威胁只是警告。假如你不敢确信自己所作出的威胁可以产生预期效果，最好以委婉的方式表达出来，否则就是自掘坟墓。

5. 冷静威胁的方式

在实际谈判中，我们之所以说这种威胁是“冷静威胁”，那是因为这样的威胁是有分寸的。在实际谈判中使用冷静威胁的方式，其实就是在赌心理承受能力。在这里，我们列举三种威胁方式：压迫式威胁，所指的是威胁方实施威胁后与不实施威胁时给自己造成的利益损失相等的一种威胁方式；自残式威胁，所指的是威胁方真正实施威胁后，他自己所遭受的损失要大于或等于威胁方所要遭受的损失，也就是我们常说的“两败俱伤”；胁迫式威胁，所指的是谈判一方在实施威胁后可能给自己造成的利益损失大于不实施威胁时的损失，但小于给对方造成的利益损失。

第8章

谋略布局，巧妙诱导请君入瓮

在谈判过程中，谈判双方中失去主动权的一方必然会失去较多的效益。因此，在谈判中必须利用一切可以利用的手段和智慧掌握谈判主动权。在任何谈判形势下，只要我们坚持一定的原则，就可以拥有谈判的主动权。

找到弱点，攻其软肋

中国人历来相信事在人为，几乎所有的事情都是人做出来的，因此，人与人相处时，要以人为主。不过，若非理念相同，人们之间很容易产生“道不同，不相为谋”的隔阂。问题是，那不同的理念又来自哪里呢？无非是个人的性格使然，因彼此之间的性格、脾气不同，所以才会产生不同的想法和性格。然而，每个人的性格都是有心理软肋的，也就是说存在一些性格缺点。基于这样的道理，在实际谈判中，我们想要操纵一个人的心理，不妨先了解其性格，再对其心理软肋展开攻势，这样方能达到操纵他人心理的目的。

在赤壁大战之后，曹操败走。对于曹操的逃亡路线，诸葛亮料事如神，料定曹操一定会走乌林，取道荆州，由华容道回许昌，结果真的是这样。

对于诸葛亮猜测的正确，人们大多会说诸葛亮料事如神、神鬼莫测，还会作法借风，差不多是鬼神之道，难以揣测。实际上也没这么玄乎，他的神奇也是有章可循的。对曹操逃亡路线的猜测，诸葛亮是基于两个方面：一个是对地形的熟悉；二就是对曹操性格的了解。特别是料定曹操走华容道，假如仅仅从地形角度考虑，就会得出相反的结论。正是基于对曹操性格的了解，诸葛亮才作出这一判断的。

看过三国的人都知道，曹操的性格弱点是多疑。当时，摆

在他面前的有两条路：一条是宽敞的大路；一条是崎岖的华容小道。华容道不是一般地难行，需要伐木叠桥；而且，远远看去，华容道的高山之处有烟火，就好像有伏兵埋伏。不过，曹操多疑，他认为那是诸葛亮故意搞鬼，放烟火吓人，认为真正的伏兵是藏在大道旁。最终，因狐疑的性格，他选择了走华容道。从这里看出，诸葛亮对曹操狐疑的性格可以说是了如指掌。

说到三国，我们不得不说一个因性格缺陷而死的人物——周瑜。俗话说："性格决定命运。"人们在关键时刻所作的决策往往是由其性格所决定的，而其决策则促成其命运。周瑜不聪明吗？火烧赤壁退百万曹兵，可算是一代奇才，不过，他眼里终究容不下一个诸葛亮。周瑜是诸葛亮害死的吗？否也。那是他自己的性格软肋害死了自己，诸葛亮只是起到了推波助澜的作用。他直到临死还质问老天爷："既生瑜，何生亮？"周瑜的例子告诉我们，当我们了解谈判对手的性格后，就可以顺势操控其心理软肋。

1. 对方是有需求的

谈判双方没有买与卖的真正需求就不会坐在谈判桌前，一个人只要有需求，就会有弱点。有的谈判者假装自己没有真正的需求，以争取主动。这时我们就需要用敏锐的判断力去识别真伪，需要仔细分析"细节"、洞悉对方的真正需求。所谓"无欲则刚"，反过来，有欲望就会有软肋，有软肋就会让人有机可乘。

2. 了解对方的性格

在日常谈判中，我们要善于运用各种方法去了解对方的性格。大凡一种性格脾气，都有其缺陷、弱点，只要我们能利用这个“软肋”，就一定能顺势操控这个人的心理，从而达到自己的目的。

3. 对方是有弱点的

每个人都会有弱点，每一个弱点都可能让谈判对方获得更多的利益，尤其是一些可以对此次谈判造成致命影响的弱点，谈判对方一旦获知，就可以掌握绝对的主动权。因此，谈判中要通过各种途径获知，对手的弱点，这些弱点可以是谈判者个人的，也可以是对方这个谈判团队的。

4. 从对方软肋下手

一个人的心理再强大，也不会是绝对不可战胜的。只要我们寻找到其心理软肋，就可以对此下手，轻松瓦解其心理防备，从而促使整个谈判朝着利于己方的方向继续下去。

5. 抓住对方软肋，掌握主动权

在抓住对方弱点时，有些弱点可以直接向对方挑明，有些弱点可以不挑明，尤其是涉及对方秘密的信息，就不宜挑明。抓住对方的弱点后，可以强硬地坚持自己的谈判立场和价格，对方一般会让步。当然，假如对方的弱点也是自己的弱点，那就需要及时作出让步争取主动，否则就会流失客户。谈判主动权是指在当时的条件下以最有利的条款和自己想要的客户尽快地签约，而不是固执地坚持原则。

攻心为上，不战而胜

在日常谈判中，假如对方有存在问题的地方，你可以提出

建议，让对方发现自己问题的所在，从而通过思考来改变出现的问题。这样既帮对方解决了问题，又让对方拥有了一种成就感。何乐而不为呢？泰勒是著名的工程师，他曾经对自己的雇员使用这种方法，他说：“让他们以为是他们自己构思出了那些别人逐渐灌输给他们的思想。”这样既能达到谈判成功的目的，又能很好地维护他人的自尊心，从而增强他人的成就感和自豪感。

在日常谈判中，巧妙的谈判对于业务的成功、赚取利润，乃至对于自己未来的事业发展都有着很大的影响，甚至是决定性的影响。在商务谈判中，在还没有进入会谈的阶段之前，谈判双方就已经在心中有了一个大致的目标和方案。而在谈判中最重要的，就是把握好这个关键点，控制好谈判的进程，让谈判朝着有利于自己的方向发展。在准确判定对方的意图后，再按照自己的原则立场，拿出应对的谋略。同时，设法把对方思路引向自己的策略中来，这样才能左右逢源，掌握谈判的主动权。

赫斯特年轻的时候，在旧金山开了一家规模比较小的报社。一次，适逢著名漫画家纳斯特来到旧金山，赫斯特就想请他帮助自己完成一个非常重要的计划：为了保险起见，他想发动人们敦促电车公司在电车前面装上保险杠。而这需要纳斯特按他的构思给他画一幅漫画，可纳斯特替他画的第一幅画令他不满意。纳斯特是著名的漫画家，自己又很难说动他，如何才能让纳斯特心甘情愿地为他重画一幅漫画呢？

一天晚上，在他们共用晚餐时，赫斯特大大夸赞了那幅漫画。接下来，赫斯特又说：“这里的电车已经造成许多孩子或死或残。有时候，我觉得那些开车的司机就像吃人的妖精一样，根本不像人。他们好像从来不会思考，总是直接冲向那些在街上玩耍的孩子。”纳斯特立即跳了起来，惊讶地嚷道：“天啊，先生，我保证可以画出一张出色的漫画，请把原来的那张撕掉吧，我重新再画一张！”

于是，纳斯特兴高采烈地在宾馆挥舞着画笔，按赫斯特提供的思路，一直忙到深夜。第二天，他果然送来了可使电车公司屈服的杰作。

纳斯特是在赫斯特的巧妙诱导下主动请求重画的，并且按照赫斯特的思路辛苦了大半夜，重新画了一幅漫画。在纳斯特自己想来，他甚至以为是自己无意中有了一个绝妙的构思。聪明的赫斯特就是这样不动声色地用这种暗示的方法把自己的思路放入纳斯特的头脑中去的。每个人总是尽可能地去表达自己的思想，如果你想让他愉快地接受你的意见和计划，最好是让他觉得这一切都是他自己的想法、相信一切都源自他自己的创作，而不是按照他人的思路行事。

多年以前，在以色列，一位从战场凯旋的将军回到了自己所在的城市。于是，他在这个城市的社交界身价倍增，一时之间成为众多贵妇追逐青睐的对象。然而，这位久经沙场的将军对此并不热衷，而且比较厌恶。然而，总有一些女人对他紧追不放、纠缠不休。有一名在当地颇有名气的女记者，几个月中一直给这位将军写信，想结识这位风云人物。

在一次当地政府特地为将军准备的舞会上，这名女记者手上拿着桂枝，穿过人群，迎着将军走来。将军躲闪不及，与女记者撞个正着。于是，女记者把一束桂枝送给将军，将军绅士般地笑了笑，言语十分恳切地说道：“应该把桂枝留给缪

斯。”这时女记者认为这只是将军想缓和气氛的一句玩笑话，所以，她并不感到尴尬。

随后她继续努力地寻找话题与将军纠缠，将军出于礼貌也不好生硬地中断谈话，女记者问道：“将军，您最喜欢的女人是谁呢？”将军回答说：“是我的妻子。”女记者继续发问：“这个太简单了。您最器重的女人是谁呢？”将军回答说：“是最会料理家务的女人。”女记者再问：“这我想到了。那么，您认为谁是女中豪杰呢？”将军回答：“是孩子生得最多的女人，夫人。”他们就这样审讯犯人般地一问一答，气氛令人窒息，自然是越谈越没有进行下去的必要。这时女记者感到局促不安，也不想再自讨没趣，只好起身离去。

实际上，“顾左右而言他”，既不答应也不拒绝，就是不切入正题——这是一个智慧的谈判者在面临僵局又不得不把谈判进行下去时常用的一种计策。一旦时间久了，对方就会失去耐性，那你的目的也就达到了。

在谈判过程中，当我们发现对方的决策、意见不妥当的时候，不妨向他人提出一些建议、忠告。最高明的技巧是既提出能够让他采纳的见解，又让他觉得这个见解其实是他自己的想法。即在对方毫无察觉的情况下，把你的想法传达给他的大脑，并使之接受。要让对方觉得正确结论是他自己得出来的，就不要直接去点破错误、失误之所在，而应用征询意见的方式向他人讲明其决策、意见本身与实际情况不相吻合，使他人在参考你所提出的许多意见时自己得出你想要说出的正确结论。这样一来，我们仅仅提出意见，就能使他人得出正确想法，我们会因为他人正确的决策而受益，他人也会因为这个想法是他自己的而自豪不已。

1. 引导对方按照自己的思路走

戴尔·卡耐基曾经说过："如果你仅仅是提出建议，而让别人自己去得出结论，让他觉得这个想法是他自己的，这样不更聪明吗？"有关社会学家的研究成果已经表明，人们对于自己得出的看法，往往比对别人给出的看法更加坚定不移。

因此，我们要想使自己的想法被别人接受，在许多时候应该仅仅提出建议、仅仅提供意见，其中所蕴含着的结论，最后留给别人自己去得出；而不宜越俎代庖，硬把自己的意见往别人头脑里塞。让他人觉得正确结论是他自己得出的，可以说是我们向他人提出意见的最高艺术。它将所表达的意见，用巧妙的形式表现出来。

2. 不战而屈人之兵

孙子云："不战而屈人之兵。"孙子认为，能够百战百胜，还不算是最高明的将帅；只有不战而使敌人屈服，那才称得上是高明中之最高明者。同样的道理，我们在谈判中也应尽量以智取胜：巧妙提出自己的观点，让对方发现问题，并通过思考来解决出现的问题，让他人觉得那个想法是他自己的。这样既容易达到谈判的目的，又能最大限度地保护他人的自尊心。

通过妙计占据谈判先机

任何一个经历过谈判的谈判者都深知主导权对于谈判成功的重要性，从某种意义上说，谈判过程中双方争夺的也就是主

导权。但是，对此，一些谈判者仍然存在误解，他们认为，多说话，让对方无力还击，就能赢得谈判的成功。而事实上，言多必失，正因为如此，很多人在谈判中很容易处于劣势，处处显得很被动，其节奏也往往被对手所控制，最后频频让步，以至于还要去争取突破底线的条件，导致谈判破裂，最终无法达到谈判目的。

林芝是某出口卫浴公司的老板，因此，她需要参加一些涉外商务谈判。在对下属谈到自己的谈判经历时，她说道："我和老外谈判的情况会比较多，因为客户来自世界各地。总体而言，我认为老外对中国的卫浴产品是有一定歧视的，认为只要把单给我们就已经对我们非常恩惠了。遇到这样的谈判，我通常是自始至终保持冷静的态度。"

林芝是这么说的，也是这么做的。一次，有一个客户，给她下了100多万美元的单子，但价格已经低于她所能接受的底线了。关键不在于价格，而是对方的态度和气势。面对高高在上的对方，林芝采取的态度反而是委婉，"不好意思，这个价格我还要考虑一下，但估计情况不会太乐观，因为我们卖的是品质。"最后这个客户一拍桌子站起身来就走了。

两天后，这位客户从欧洲飞回来，说一定要马上见林芝，而林芝给他的回复是："抱歉，两三天后我才有时间。"后来，这笔生意以双赢的结果成交。

在这场谈判中，谈判对手本想以气势压倒林芝，但林芝并没有受到对方的影响，而是始终保持冷静，以从容委婉的态度去应对，简短的几句表达态度的话就扳回了谈判的主动权，最终实现了谈判结果的双赢。这里，作为一方谈判者，你同样可以发现，谈判固然在于“谈”，但真正决定谈判胜败的还在于主导权。

1. 做好谈判前的准备工作

在谈判之前，你要清楚自己的底线，同时要了解谈判对手。这里，你需要从多方面收集关于对手的资料；另外，从你知道对方的那一刻起，你就有了现成的了解机会。就拿商务谈判来说，你若是在对方的销售点得到对方的信息，那你可以跟销售点的人员了解对方的相关情况，不要只留一个联系方式。当然，更多的时候是多管齐下，寻找多种途径去收集信息。在做足这些准备工作之后，你应该尽可能地利用好一切“可借助的力量”。只有这样，自己才在谈判之初就处于有利的局面之中。

2. 不能暴露自己的心态

谈判者不能暴露自己的心态，否则会被对方控制节奏。谈判的节奏是非常重要的，这跟体育比赛时运动员们经常强调的节奏是一样的，如果你的节奏被对方所掌握，你就容易被对方控制进程。所以，不要表现出急于达成交易的心态，多作前期的试探性接触，如用电话拜访、短时间接触后立即撤退等方式进行火力侦察，以了解对方的条件、掌握对方的意图、分析对手的特点。

3. 先摆出自己的条件

如果自己有一些必须要对手接受的条件，那你可以在一开始就把这些条件摆出来，如果双方对此没有异议，再进一步进行谈判，如付款方式，这往往是很刚性、没有余地的条件。比如，你可以先声明：其他都可以谈，但必须现款。这样就划定了谈判范围，能节约大家的时间。但如果不希望谈判一开始就

破裂，那就要慎用这种预告底线的方法。

4. 以共同利益为基础

很多人在谈判中往往纠缠于分歧，而忽略了双方的共同利益。实际上，谈判并不是说一定要把对方当对手。如果你转换一种方式，从共同点开始，始终强调共同利益，就会让对方因不愿意放弃利益而让步，这样的谈判结果往往会令双方愉快地接受。

因势利导，顺势而为

纵观古今中外，几乎所有的战争都是在两条战线上进行的，一条是血与火战场上的拼杀，另一条则是心理战场上的较量。心理战可以说是“战争之外的战争，战争之上的战争”。将错就错、让对方自乱阵脚这一攻心术在中国的战争中表现得尤为明显。任何一位高明的谈判者都知道在对方心理弱势时乘胜追击，一举获得胜利。

所谓谈判，体现谈判者的谈判能力的就是其语言水平。然而，真正的谈判，往往不是在和平的语言环境下进行的，甚至可以说，双方为了掌握谈判主动权，多半会唇枪舌剑。因此，出于利益的对立，当你提出自己的看法和观点后，对方多半会采取否决的态度。面对这种情况，聪明的谈判者往往会借力打力，调转势头，并乘胜追击，赢取胜利。

在一次集体活动中，当大家风尘仆仆地赶到事先预订的旅馆时，却被告知，因旅馆方工作失误，原来订好的套房（有单独浴室）中竟没有热水。为了此事，领队约见了旅馆经理。

领队：对不起，这么晚还把您从家里请来。但大家满身是汗，不洗洗澡怎么行呢？何况我们预订时说好供应热水的呀！这事只有请您来解决了。

经理：这事我也没有办法。锅炉工回家去了，他忘了放水，我已叫他们开了集体浴室，你们可以去洗。

领队：是的，我们大家可以到集体浴室去洗澡，不过话要讲清，套房一人50元一晚是有单独浴室的。现在到集体浴室洗澡，那就等于降低到统铺水平，我们只能照统铺标准，一人降到15元付费了。

经理：那不行，那不行的！

领队：那只有供应套房浴室热水。

经理：我没有办法。

领队：您有办法！

经理：你说有什么办法？

领队：您有两个办法——一是把失职的锅炉工召回来；二是您可以给每个房间拎两桶热水。当然我会配合您劝大家耐心等待。

这次交涉的结果是经理派人找回了锅炉工，40分钟后每间套房的浴室都有了热水。

这里，这位领队的谈判水平是令人佩服的。这里，针对对方始终拒绝的态度，他向旅馆经理提出了反面建议——那就等于降低到统铺水平，我们只能照统铺标准，一人降到15元付费了。而这一建议自然是不可能实现的。然后，他便乘胜追击，提出了另外一条建议。而旅馆经理权衡之下，自然会选择后者。

表面上看来，这位领队是在“威胁”旅馆经理，但是我们发现，在整个说服的过程中，他丝毫没有表现出任何恶意，这也是旅馆经理最后妥协的原因。如果领队对旅馆的服务大加指责或者说言辞激烈的威胁的话，恐怕就是另外一种结果了。因为没有人愿意被真正地威胁。攻心里，所谓的“威胁”策略与恶意的恐吓没有任何关系，而是对对方进行善意的提醒。

1. 拖延战术

谈判者若发现自己在谈判中属于实力较弱的一方，那么，要做的一项重要工作就是尽力消耗对方的优势，变被动为主动。对此，不妨使用拖延战术。通常来说，谈判结束的时间被称为“死线”，在一般情况下，谈判者都要严格保密自己的最后期限和“死线”。也正因如此，在谈判中，往往会出现这种情况，双方都希望摸到对方在谈判中的“死线”，以争取主动；与此同时，都对自己“死线”严格保密。

2. 妙语补救

这是一种能很好地帮助谈判者弥补已经陷入对方陷阱的措施。比如，对方诱导你承认他们的报价，而你失口承诺认可了对方的报价，如果发觉得及时，可马上纠正——“当然，这个价格尚未计入关税税额”，如果发觉得较迟，你可通过助手补充纠正，“请注意，刚才张先生所允诺的价格，是以去年底的不变价计算的，因此，还需要把今年头八个月的涨价比率加上去。”当对方明白你已经巧妙绕开了陷阱后，会立即乱了方寸，这时，便是你展开进攻的时机了。

3. 欲擒故纵

在针对谈判的“死线”的时候，谈判者可以采用欲擒故纵的拖延技巧，但在运用这种技巧的时候，要注意保留余地，不可拖死对方。例如，在改变与对方的谈判日程时可说，“因为还有别的重要会见”，在神秘中仍给对方一个延后的机会，待到对方等到这个机会时，会增加一种珍惜感。保证自己手头有“筹码”可以再次吸引对方谈判，不能使自己的地位僵化，否则，一“拖”即逝，无力再拉回对方。在采取拖延技巧的时候，一定要注意自己的言论，说话要委婉，避免从情感上伤害对方、造成矛盾焦点的转移。

用事实和数据说服对方

从某种意义上说，谈判者参与谈判，成功与否，就在于对方能否接受己方的观点。但出于利益的对立，大多数时候对方都对你持怀疑态度。以商务谈判为例，要达成交易，就要让对方对你深信不疑，但有时候即使你使出浑身解数，向客户展示产品的众多优点，对方也不吃你那一套。此时，如果换种推销的方式，如向客户展示一些真实案例或摆出数字，那么，便能消除客户对你的怀疑，令其加快购买的脚步。可以说，只要谈判者加以巧妙运用，这种语言策略适用于任何谈判活动。

李准是一位著名的作家。据说他有“三句话叫人落泪”的本领，但没有亲眼见过的人，难免会有所怀疑。电影艺术家谢添就不怎么相信。偏巧，在著名豫剧演员常香玉的“舞台生涯五十周年庆祝会”上，谢添与李准不期而遇。谢添抓住这个机会，想好好地证实一下。

谢添说："李准，我想当众试试你，你说几句话，能叫常香玉哭一场，我就服你！要不，你认输也行！"

李准皱皱眉头，摊摊手，对常香玉说："你看看老谢，今天是你的大喜日子，他偏要让你哭，这不是难为人吗？"

没想到常香玉痛快地说："你今天能让我掉眼泪，就算你有真本事！"

事实上，刚开始时李准表示为难，就是为了争取时间抓紧构思，面对会上喜庆的气氛，想把一个人说哭，几乎是不可能的事情。这需要冷却气氛、转换情绪，并选取与庆祝会有所联系和呼应的话题，以便引出鲜明而具体的事实。李准款款道来，只用一句话就把这个过渡很好地完成了：

"香玉，咱们能有今天，可真是太不容易了！你还是我的救命恩人呢！我十来岁那年，跟着逃荒的难民群到了西安，那里没有什么吃的东西，眼看大家都快饿死了，忽然听到有人喊：'常香玉放饭了！河南人都去吃吧！'人一下子全都涌了去！我捧着粥，泪往心里流。心想：日后见着这个救命恩人，我一定得叩头谢她！哪里想到，'文化大革命'中，你被押在大卡车上游街……我站在一旁，心里又在默默地落着泪，当时我真想喊一声：让我替替她吧，她可是救过我命的恩人呐！"

"老李，你……别说了！"常香玉捂着脸转过身去，满眶泪水滚落下来。整个大厅里格外安静，没有一点儿声音。人们都沉浸在一种伤感的情绪中，就连谢添也轻轻地吸着鼻子。他的表情让人感到他已经忘记了这是自己和李准打的一场赌了，对李准他是彻底地信服了。

在这种充满欢乐气氛的盛会上，李准仅用短短几句话，就把常香玉说哭了，他到底有什么绝招呢？其实，他是利用心理相容的规律，筛选出令人难忘的典型事例，并用简洁精练的结构和生动传神的语言来表达，就如电影蒙太奇的特写手法，所以，他几句话就把听者的泪说出来了。尽管这个例子重点不在说理而在动情，但这种用鲜明具体的事实来打动人心的手法还是值得学习的。

任何时候，最忌毫无事实证据的论述。更何况，对于处在利益对立面的对手，谁都会心存戒备，更别说信任了。此时，若你的言谈没有事实依据，那么，必会加深对方的疑心，也就无法激发对方成交的欲望。而如果我们能展现现实例证或摆出数字，给对方吃一颗定心丸，自然会加快与对方成交的脚步。

1. 举事例

真实的事例是一种具有说服力的论据。比起那些空洞的承诺、抽象的产品质量报告，具体真实的事例显得更加形象生动。如果你告诉对方“我们是奥运合作伙伴，这是我们的合作标志”，那么对方不仅欣会然接受，也会深信不疑。再如：“某某五百强企业一直在用我们的产品，到现在为止，已经和我们公司建立了五年零八个月的良好合作关系。”如果在说明的同时用一些图片或是资料进行辅助证明，就能发挥出最好的效果。

2. 增强语言的可信度

虽然用数据和事实来说服对方和很多谈判技巧一样，具有很好的作用，能增强语言的可信度，但是如果使用不当，同样会造成极为不利的后果。因此，谈判者在用数字、事实证实的时候，应用影响力较大的人物或事件说明，或者拿出权威机构

的证实结果。另外，你给对方所举的案例一定要真实，否则就是搬起石头砸自己的脚，将造成信任危机。

3. 列数据

谈判时，谈判者一定要显示出自己在该领域的专业素质，这样才可让对方信服。以商务谈判为例，你须尽量权威、精确地介绍产品的各个方面，越是精确、权威的数字，越能让对方感受到你的专业，越能获得对方的信任。因为，在客户看来，口说无凭的介绍是起不到任何作用的，也不能够刺激他们的购买欲望。现在人们对产品的要求越来越高，当然也不会相信你的空口无凭，但是当你用数据来展现给客户的时候，就很有说服力了。

精心布置，掌控谈判走势

一位外资的柴油发电机组公司的销售经理说了这样一句话："我的经验告诉我，一个优秀的销售人员可以一直说'不'，仍能做成生意；只有那些缺乏生意经验的销售员，才会在客户提出无理要求的时候还表示欣然接受。"那么，当那些咄咄逼人的客户以各种手段诱使我们接受他们的条件时，我们如何才能既保障自己的利益、又维持良好的关系呢？

有时候我们期待许久的谈判对手并非善类，这样一来，我们所面临的选择区间就会变得十分有限。对于我们正在洽谈的业务，丢不得；但是，做这笔生意，假如赔了钱，那自己作为谈判代表同样是推脱不了责任的。长时间的对峙只会让生意泡汤，而妥协则会损害自己的利益——面对这些咄咄逼人的客户，我们该如何引导其走一条双赢的路线呢?

1. 不要钻进对方的圈套

精明的对手甚至会以感情因素为诱饵来促成交易，对此，我们该如何应对呢? 可以选择回避，要求休会，与上司商量一下，或者重新安排会议，时间和地点的改变会让整个谈判场面变得不一样；当对手大声嚷嚷或主动表示友善的时候，安静地聆听，不要做点头状，保持与对手的目光接触，神情自然，不过千万别对客户的行为予以鼓励，当他说完自己的条件之后，我们可以建议一个有建设性的计划和安排；有时候可以公开表达对对手的意见，不过这样的做法需要把握好时机，不要让对手感觉下不了台，以致影响到整个谈判过程。

2. 确定己方利益点

在谈判过程中，当我们在讨价还价的时候，一定要时刻铭记两个重点：对手的利益和本公司的最大利益。最佳的谈判并不是一味地去满足对手的需求，而是关注问题的解决，达到双赢的局面。若我们不确定本公司的需求，极有可能会作出无谓的让步。

3. 把困难的问题留到最后

为什么要把困难的问题留到最后呢? 理由有两点，一是解决相对简单的问题可以为发展下去创造势头；二是通过讨论简单的问题可以发现更多的变量因素。而当我们的谈判进入核心阶段的时候，这些因素就会发挥出一定的作用。

4. 时刻保持冷静

在谈判过程中，我们要多听，尽量多地了解对手的思路。

一旦对手进入他自己的思路里，争辩根本无法使他动摇，在这样的情况下，劝说的最好办法就是倾听。理由有三个：一是新的信息可以扩大活动的空间，增添变量因素数目；二是安静地倾听有助于化解我们心中的怒气；三是如果你还在倾听，那表示你还没作出任何让步。

5. 准备工作要做足

当然，在谈判之前我们需要做足准备工作，明白自己可以接受的最低价位，并多创造一些谈判期间可以利用的可变因素，尽可能地让谈判进行下去，以便从中找到可行的解决方案。许多谈判者认为价格是自己拥有的唯一变量因素，然而，仅仅考虑价格，最后的结果只会是既削减了利润又增添了买卖双方的敌视。比较恰当的做法是把目光集中在客户与自己的共同利益上面。例如，在谈判过程中，可以多谈一些关于售前、售中和售后服务的话题。

6. 语气温和

在谈判过程中，不要采取挑衅的谈判风格，假如你这样说："你使用我们的服务要比普通客户多50%，你们应该为此付费……"将会招致客户马上摆出防范的架势。我们应该这样说："很明显，服务是整个项目中的关键一项，目前你们使用的频率比普通客户要多50%，将导致我们的成本也上升了。让我们一起来找出一种既能降低服务成本、又可以保证服务质量的办法吧。"

7. 保持平静的心态

有时候谈判的发展会出乎我们预料之外，对手常常会因为没有取得丝毫进展而感到沮丧。这时候最重要的就是保持冷静的头脑，注意客户的言语以及神态，耐心地等到他平静的时候，总结一下谈判所获得的进展。例如，为了让话题重新回到你所期望的主题上来，你可以这样说：“我们已经在这些问题上讨论三个小时了，试图达成一项公平合理的解决方案。现在，我建议重新回到付款条款上面来，看看是否到时候作总结了。”

8. 逐次让步

在谈判过程中，讨价还价是最常见的事情了，这时候我们可以从一些自己能作出让步的方面开始下手。许多例子都表明，自己的期望值越高，谈判结果就会越理想；我们的期望值越低，那谈判的结果则很难令我们满意。在谈判开始之前，一旦我们降低了自己的期望值，那我们在大脑里就已经作出了第一步让步，对手就很有可能向我们直逼下去，这就是所谓的“先让者输”。

第9章

谈判氛围，积极营造共促和谐

假如谈判者可以热情周到、大方得体地接待客户，想对方之所想，尊重对方，就会使对方感到你是很有诚意的，从而非常乐意与你打交道。毕竟，在一个宽松和谐的氛围中谈判，会自然地缩短双方的距离，容易找到一个双方都可以接受的契合点。

绝妙结语，发挥近因效应

近因效应是指人们识记一系列事物或某人的言论时对末尾部分的项目的记忆效果优于中间部分项目的现象。你所传递的前后信息间隔时间越长，近因效应就越明显，原因在于前面的信息在记忆中逐渐模糊，从而使近期信息在短时间记忆中更为突出。心理学认为，人的记忆受到“近因效应”的影响，在交往过程中，我们对他人最近、最新的认识占了主体地位，使过去的一些评价得以改变。换句话说，就是我们说的最后一句话或留给他人的最后一个印象，对方往往是记得最牢的。

在生活中我们经常都会经历这样的场面：两个朋友在一起愉快地聊天，可是，告别的时候，甲居然说了一句很恶劣的话。那么，无论之前的畅谈是多么愉快，乙都会把最后一句话留在心里，并挥之不去，而且，这句话所造成的影响将波及彼此的关系。相反，本来乙对甲的印象并不好，但分别时甲居然说“认识你真高兴，我觉得今天你真漂亮，咱们下次再聊”，那么乙会觉得以前不好的方面都随之而去，从此对甲有了好的印象。其实，这些都是心理学上的近因效应在起作用。

曾国藩在最初和太平军的交锋中，一直处于劣势，于是在奏折中称自己“屡战屡败”。但他幕下的一个师爷看了后，说不要这样写，而应将四个字的位置调动一下，变成“屡败屡战”。曾国藩恍然大悟，把奏折改了过来，交了上去。结果一

个“常败将军”的形象变成了败而不馁、坚忍不拔的形象。

其实，从这里我们不难看出，在整个说话过程中，最后一句话往往决定了整句话的基调。比如，上司对下属说“这个月总能超越上个月的销售额吧，虽然这个月销售出去的产品很少”，或者说“虽然这个月销售出去的产品很少，但总能超越上个月的销售额吧”。其实，这两句话的意思是一样的，但就是因为语句排列的顺序不同，给对方的印象也是迥然不同的。前者给对方留下悲观的印象，后者给对方留下乐观、积极的印象。相比较而言，后者传递的言语暗示更容易影响其心理。

谈判过程中，虽然张先生一再表现出合作的诚意，但对方公司负责人就是不为所动，甚至言辞犀利地拒绝：“我觉得你们公司不合适做咱们的合作伙伴，您现在提出的一些要求都是毫无作用的。”张先生遗憾之余，还是面带微笑说：“谢谢贵公司能在百忙之中抽出时间与我公司会谈，以后我还会为咱们的合作继续努力。”说完还亲自把对方谈判代表送到宾馆门口。次日，张先生意外地接到了该公司的邀请电话。

张先生利用告别时的“近因效应”挽回了合作伙伴的心，促成了谈判的成功。工作中的洽谈并不是一两次就能完成，虽然双方已经达成了协议，但毕竟是合作伙伴，说不定以后还能遇到，所以，收尾最后一句话给未来作好铺垫；同时，给对方留一个好的印象，这都是十分重要的。

1.“今天真的很愉快”

即使在谈判即将结束的时候，我们也要向对方传递友好的信息，否则很可能你无意的一句话就毁掉了前面的整个沟通。比如，“今天真的很愉快”“我觉得你是个很不错的聊天伙伴，下次有空再过来玩”“谢谢你今天的盛情招待，我过得十分愉快”等，给对方留下好的印象，有利于进一步接触或者下一次合作。

2. 简洁有力的告别语

在结束整个谈话的时候，告别语不宜过多，如果你总是絮絮叨叨，“今天我真高兴，没想到会认识你这个有趣的朋友……咱们下次接着聊天”，对方会觉得你很啰唆，之前对你的好印象都会消失不见；相反，如果你用简洁有力的语言告别，“今天过得很愉快，谢谢你，再见”，对方会觉得你是一个做事果断的人，对你会更有好感。

3. “您能给我这份工作吗”

一般情况下，人们参加面试结束时很少会注意最后一句话，其实在大多数情况下，最后一句简单的话会收到意想不到的效果。我们可以在最后一句话中传递期待的心理：“您能给我这份工作吗？”“我最晚什么时候能得到回音？”“如果因为种种原因您没有在最后期限通知我，我可以联系您吗？”你所传达的期待心理，会使他人对你的印象大大改观，如果能用最后一句话有效地影响其心理，或许你最后就得到这份工作了。

不妨先谈论共同话题

许多拜访过罗斯福的人，都会对其广博的知识感到惊奇，而且，在他身上有个特点，那就是和谁都有共同话题。不管是纽约政客，还是外交家，罗斯福都知道与他谈论些什么。有人

问罗斯福是如何做到这一点的，他回答：“我每接见一位来访者，都会在这之前的一个晚上阅读有关这位客人特别感兴趣的东西，以便找到令其感兴趣的话题。”每个人都有自己的兴趣，都对和自己有共同兴趣的人有着特殊的好感。所以，当对方听到你对他的兴趣爱好也这么感兴趣，还如此了解的时候，他就会产生“同好”心理而倍感亲切。在实际谈判中，谈论双方共同的话题，无形之中是对他人的赞美与肯定，同时，也会使你获得好感，从而消除彼此的尴尬心理，达到影响他人心理的目的。

美国著名的柯达公司创始人伊斯曼，捐赠巨款在罗彻斯特建造一座音乐堂、一座纪念馆和一座戏院。为承接这批建筑物内的座椅，许多制造商展开了激烈的竞争。但是，找伊斯曼谈生意的商人无不乘兴而来、败兴而归，一无所获。“优美座位公司”的经理亚当森也在竞争者之列，他希望能够得到这笔价值9万美元的生意。秘书却事先申明：“我知道您急于得到这笔订单，但我现在可以告诉您，如果您占用了伊斯曼先生5分钟以上的时间，您就完了。他是一个很严厉的大忙人，所以您进去后要快快地讲。”亚当森微笑着点头称是。

亚当森走进办公室，看见伊斯曼正埋头工作，于是静静地站在那里仔细地打量起这间办公室来。一会儿，伊斯曼抬起头来，问道：“先生有何见教？”刚开始亚当森没有谈生意，而是说：“伊斯曼先生，刚才我仔细地观察了您这间办公室。我本人长期从事室内的木工装修，但从来没见过装修得这么精致的办公室。”伊斯曼回答说：“哎呀！您提醒了我差不多忘记的事情。这间办公室是我亲自设计的，当初刚建好的时候，我喜欢极了。但是后来一忙，一连几个星期我都没有机会仔细欣赏一下这个房间。”

亚当森走到墙边，用手在木板上一擦，说：“我想这是英国橡木，是不是？意大利的橡木质地不是这样的。”“是的，”伊斯曼高兴得站起身来回答说，“那是从英国进口的橡木，是我的一位专门研究室内橡木的朋友专程去英国为我订的货。”伊斯曼心情极好，便带着亚当森仔细地参观起办公室来了，一边参观一边为亚当森详细地介绍。此时，亚当森微笑着聆听，他看到伊斯曼谈兴正浓，便好奇地询问起他的经历。伊斯曼便向他讲述了自己苦难的青少年时代的生活……亚当森由衷地赞扬他的功德心。结果，亚当森和伊斯曼谈了一个小时又一个小时，一直谈到中午。

虽然亚当森直到告别的时候都没有谈到生意的事情，但最后，他不但得到了大批的订单，而且和伊斯曼成了好朋友。如果他刚开始就大谈生意，不仅他自己即将面临被拒绝的尴尬，也会使对方产生尴尬心理。亚当森成功的诀窍，就在于他善于挖掘出双方共同的话题，从伊斯曼的办公室入手，巧妙赞美了对方的成就，使伊斯曼的自尊心得到了极大满足，最终亚当森也达到了自己的目的。

1. 激起对方说话的欲望

在沟通过程中，我们应该率先向对方传递友好的信息，激起对方说话的欲望。当你的话题使对方产生了浓厚的兴趣，对方就会不由自主地打开话匣子。所以，当谈话出现了尴尬场景的时候，一定要通过话题激起对方的兴趣，使谈话能够持续下去，如“看来你对书法挺有研究的”。

2. 有效地提问

适时的提问会帮助你找到共同话题，当然，提问也是需要技巧的。为了不至于造成尴尬情境，应该把问题尽量控制在自己比较擅长的范围之内，提问应尽量具体，如“你喜欢去哪个国家旅行”，这样你就可以围绕旅行途中发生的趣事展开一个话题了。

3. 找到对方感兴趣的话题

每个人都有自己感兴趣的事物或话题，我们不妨去迎合对方的兴趣，积极主动地寻找出共同话题，这比漫无目的地乱说一通强过一百倍。比如，你了解到对方以前是一个歌手，那么你就可以说，“那时候唱歌辛苦吗？”“感觉你声音很独特，唱歌肯定很好听。”

有趣的语言极具吸引力

美国幽默大师罗伯特·奥本说：“每天早上起床后，我都看一遍福布斯美国富翁排行榜。如果上面没有我的名字，我就去上班。”这是一句多么幽默的话语，不仅给人带来了快乐，也温暖了自己的心灵。幽默，是快乐的精灵，在很多时候，我们需要运用幽默的语言来营造良好的谈话氛围。在日常谈判中，许多人都表现得太严肃，他们总认为凡事都应该认真，开不得半点玩笑，否则会坏了大事。

其实，事实并不是这样，幽默恰恰为枯燥的工作带来了快乐，缓解了压力。在轻松的氛围中，谈谈工作的事情，或许，彼此都会感到轻松不少。尤其是在谈判场合，更需要我们恰当地运用幽默语言来创造良好的谈话氛围，化解谈判过程中的尴尬，最终促成谈判的成功。

丘吉尔是一位善于使用幽默语言的首相，尤其是在谈判中，他屡次使用幽默语言，屡次获得了很好的效果。

1943年，英国首相丘吉尔与法国戴高乐将军因叙利亚问题产生了意见分歧，两人心中都有芥蒂。而在这之前，被丘吉尔颇为看重的布瓦松总督被戴高乐逮捕了，对此，双方都感觉这个问题变得棘手了，要想解决这个问题，只能是面对面地谈判。当时，丘吉尔的法语讲得不是很好，而戴高乐的英语却讲得很漂亮。

两人见面了，气氛变得紧张起来，丘吉尔先用法语打招呼："女人们先去逛市场，戴高乐、其他的先生跟我去花园聊天。"然后，他高声说了几句英语，"我用法语对付得不错吧，是不是，既然戴高乐将军英语说得那么好，一定可以完全理解我的法语。"话音刚落，戴高乐将军以及其他人都笑了起来。丘吉尔的这番幽默消除了之前紧张的气氛，营造了良好的谈话氛围，使整个谈判得以在和谐与信任中进行。

丘吉尔与罗斯福的谈判，也可以说是幽默语言使用的典型例子。在第二次世界大战的时候，英国武器短缺，丘吉尔来到华盛顿会晤美国总统罗斯福，请求军需物质方面的支援。第二天即将进行会谈，凌晨，丘吉尔还躺在浴盆里，嘴里抽着雪茄，正在思考问题，没想到，罗斯福突然走了进来。两人相视愣住了，丘吉尔笑了，说道："总统先生，大英帝国首相在你面前可真是没有半点隐瞒啊！"说罢，两人都不约而同地笑了

起来，而此次谈判成功地推动了英美合作。

如此看来，幽默语言是谈判过程中的润滑剂，同时，也是化解谈判僵局和消除紧张气氛的良药，而在这个过程中，幽默的谈判者也会赢得对手的好感与信任。在谈判过程中，双方往往会因为一些主客观的问题各执一词、互不相让，这时，若不及时化解，必然令谈判陷入僵持局面。对此，一些高明的谈判者会运用幽默的语言，使谈判脱离僵持的困境，化解尴尬，令双方最终达成一致的协议。

中方代表就一合资项目与某国财团进行谈判。谈判刚刚开始，对方就说："我方设备技术先进，拥有自己的专利权，希望你们能开出一个令我们满意的价格。"如此漫天要价，使整个谈判陷入僵局。

这时，中方一代表站起来，说道："中国是一个有着几千年悠久历史的文明古国，我们的祖先在一千多年前就将四大发明——指南针、造纸术、印刷术、火药的生产技术无条件地贡献给人类，而我们的子孙从未埋怨过他们不要专利权，反而称赞他们为推动人类科学技术的进步作出了贡献。今天，中国在与世界各国的经济合作中，并不需要你们无条件地出让专利权，只要价格合理，我们是一个钱也不会少给您的。"不卑不亢的语言中，融入了幽默的力量，最终促使对方愿意降低专利费，促成了整个谈判的成功。

如果双方就专利费各持己见、互不相让，那么，谈判肯定会陷入僵局。中方代表一席幽默的语言，使整个谈判脱离了僵持的困境，化解了紧张的气氛，促成了和谐的谈判。现代社会，随着市场经济的发展，我们谈判的机会在不断地增加。在谈判中，越来越多的谈判者喜欢追求幽默的语言，与此同时，幽默的语言也成为每一个谈判者获得谈判成功的重要途径。

1. 幽默的语言有助于营造良好的谈判氛围

幽默的语言，对于营造良好的谈话氛围、促成此次谈判成功有重要的作用。许多人在谈判中都会有胆怯、不安的心理，这是在所难免的，这时，如果使用幽默的语言，就可以消除对方这种心态，使彼此在一个轻松自然的氛围中谈判。有时候，在谈判过程中，由于某些原因导致谈判的双方处于进退两难的窘迫局面，这时，一句幽默的语言往往能化解双方的尴尬，令彼此相视而笑，如此一来，那种让人不自在的氛围自然会松缓下来。

2. 幽默语言可以让我们赢得对手的好感与信任

美国谈判大师荷伯·科恩曾说："世界是一张巨大的谈判桌，谈判存在于生活的方方面面，很多时候，我们自觉或不自觉地就成为某个谈判的参与者。"在日常工作中，谈判更成为我们工作中一项必不可少的内容。大多数人认为，谈判应该是庄重的、严肃的，其实，若是在谈判中插入幽默的语言，不但可以缓和紧张形势，营造出友好的谈话气氛，还可以缩短彼此之间的距离，钝化对立感，使整个谈判变得更融洽。在国际谈判中，幽默语言可以使整个谈话更加顺利，化干戈为玉帛，从而避免战祸；在商业谈判中，幽默的语言巧于辞令，可以为你赢得对手的信任。

多用“如果我是你”的句式

平时，我们总会听到这样的话：“如果我是你……”其实这个句式所表达的就是一种同理心，同理心是指在人际交往中能够体会对方的情绪和想法、理解对方的立场和感受，并站在对方的角度思考和处理问题的能力。换句话说，同理心就是站在对方立场思考的一种方式。在既定已经发生的事情中，把自己当成对方，想象自己是由于何种心理导致了这样的结果，最后触发了整件事情。在整个心理过程中，由于自己先接纳了这种心理，所以也就接纳了对方的这种心理，最后也就能够谅解这种行为和事情的发生，这与古人所说的“己所不欲，勿施于人”如出一辙。

在人与人之间的沟通过程中，“同理心”始终扮演着重要的角色。利用同理心说话，就是站在对方的角度，同情、理解、关怀对方，接受对方的内在需求，并感同身受地予以满足。利用同理心说话，可以从对方言语的细微处体察对方的心理需求，从而通过语言表达出“惺惺相惜”的感觉，最终影响其心理。

保险员李小姐一进门便开门见山说明来意：“李先生，我这次是特地来请您和太太及孩子投人寿保险的。”王先生却异常反感地说：“保险是骗人的勾当！”李小姐并没有生气，微笑着问道：“噢，这还是第一次听说，您能给我说说吗？”王先生说：“假如我和太太投保3000元，这3000元现在可买一部兼容电脑；20年后再领回的3000元，恐怕连电视机都买不到了。”小姐又好奇地问：“这是为什么呢？”王先生很快地回答："一旦通货膨胀，物价上涨，即会造成货币贬值，钱就不经花了。"通过这样的问话，小姐对王先生内心的忧虑已基本了解。

李小姐首先维护李先生的立场："您的见解有一定的道理。假如物价急剧上涨20年，3000元不要说黑白电视机买不了，怕只够买两棵葱了。"李先生听到这里，心里很高兴，但接着精明的李小姐又给他解释了这几年物价改革的必要性及影响当前物价的各因素，进一步分析我国政府绝对不会允许旧社会那样的通货膨胀的事情发生的道理，并指出以王先生的才能和实力，收入可望大幅度增加。说也奇怪，经李小姐这么一说，王先生开始面带笑容，两人相谈甚欢。当然，李小姐最终获得了成功。

李小姐成功的秘诀就在于利用同理心说话，站在对方的立场来思考，设身处地，洞悉对方的心理需求，再进行引导，从而影响对方的心理，最终成功说服对方。由此可见，灵活地运用同理心说话能够有效地影响对方心理，最终达到操纵其心理的目的。

卡耐基租用了某旅馆大礼堂讲课。一天，他突然接到通知，租金要提高3倍。卡耐基前去与经理交涉。他说："我接到通知，有点震惊，不过这不怪你。如果我是你，我也会这么做。因为你是旅馆的经理，你的职责是使旅馆尽可能赢利。"紧接着，卡耐基为他算了一笔账，"将礼堂用于办舞会、晚会，当然会获大利。但你撵走了我，也等于撵走了成千上万有文化的中层管理人员，而他们光顾贵旅社，是你花再多的钱也买不到的活广告。那么，哪样更有利呢？"结果，经理被他说

服了。

卡耐基所使用的口才心理策略“如果我是你，我也会这么做”，其实就是“同理心”。当他站在经理的角度时，经理心中已经降低了防备心理。然后，卡耐基抓住了经理的兴奋点，使经理心甘情愿地把情感的天平倾向了卡耐基这边。

那么，如何利用同理心说话、与对方惺惺相惜呢？

1.“你的话有一定的道理……”

当对方表露出与自己全然不同的想法时，你应该以同理心说话：“你的话有一定的道理……”并通过语言分析强化对方想法的正确性，站在对方的角度，再进行积极引导，利用同理心产生的作用影响其心理，达到操控其心理的目的。

2.“咱们都是一家人……”

当你仔细观察对方身上所具备的特征之后，你会发现在你们之间其实也有许多相同点，而我们需要的就是传递出“咱们都是一家人”这样的信息，通过同理心来影响对方。比如，“张先生，我也姓张，咱们五百年前可是一家人啊！”“王姐，您也是东北人啊？真是太巧了，我也是东北的。”

3.“如果我是你，我也会这样做”

汽车大王福特说：“假如有什么成功秘诀，那就是设身处地替别人着想，了解别人的态度和观点。”因此，当对方说出自己的决定时，我们应该强调对方这种做法的合情合理性，了解对方现在的心理矛盾，以感同身受影响其心理，再巧妙地说服对方。

4.“同是天涯沦落人”

相同的经历会有相同的感受，有相同的感受自然会惺惺相惜，我们要巧妙地利用同理心说话。比如，“你以前在广东工作过？我早些年也在广州工作过。”“李姐，咱们做女人真的是不容易啊，既要照顾家庭，又要照顾孩子，生活压力真大啊！”以此来影响其心理，达到说服对方的目的。

表现热情，缩短心理距离

在日常生活中，小孩子和女人最擅长的就是“撒娇”，在撒娇之后，他们往往会获得自己想得到的东西，这也是一种求人办事的说话技巧。当然，通常情况下，“撒娇”只会出现在亲密的朋友之间或夫妻之间，而且，这样的说话方式常常被小孩和女人所使用。此外，通过言语表现出自己的亲昵，以一种撒娇的姿态来令对方效劳，还需要拿捏好适当的度。比如，女秘书希望总经理能够帮自己查看一下年度总结，只要稍微示弱就可以了：“总经理，我怕自己弄不好，你先帮我看一看，好吗？”没有必要真的用那种极度“黏人”“娇嗔”的语气说出来。因此，在日常谈判过程中，我们只需要适当表现自己的亲昵，对方便会乐意考虑我们的意见。

班级要到一家商店参加社会实践活动。第一次派了一个同学去联系，那个同学说话很不礼貌，开口闭口就谈市里有精神，你们应该接待我们，结果遭到了商店的拒绝。第二次又派了一个同学去联系，这个同学在经理办公室外面等经理办完了事才轻轻敲门，得到允许后进到屋里，拿出介绍信，恳求说：“叔叔，我们有件事想麻烦您和商店里的叔叔阿姨……请您大

力支持……谢谢您啦！”这一番话说得经理心里暖乎乎的，他当然不会再拒绝了。

两个同学都是求助，为什么第一个同学被拒绝了，而第二个同学受到欢迎呢？我们不妨来分析其话语：“叔叔，我们有件事想麻烦您和商店里的叔叔阿姨……请您大力支持……谢谢您啦！”首先，“叔叔阿姨”表现了亲昵，拉近了彼此之间的心理距离，语气恳切，一番话说得经理心里暖乎乎的；而且，他所面对的又是一个小孩子，自然不会再拒绝了。

贝尔那·拉弟埃是位著名的推销专家，当他被推荐到“空中汽车”公司时，他面临的第一项挑战就是向印度推销飞机。这是件棘手的事情，因为这笔交易已由印度政府初审，没有得到批准，能否重新找到成功的机会，靠的便是特派员的谈判本领。拉弟埃作为特派员深知自己背负的重任，他稍作准备后就飞往了新德里。接待他的是印航主席拉尔少将。拉弟埃到印度后，对他的谈判对手讲的第一句话是：“正因为您，使我有机会在我生日这一天又回到了我的出生地。”

当然，拉弟埃那句开场白“正因为您，使我有机会在我生日这一天又回到了我的出生地”十分得体，并没有“撒娇”的意味，不过，语气之中透露出来的亲昵，使拉弟埃与拉尔少将之间的距离更近了一步。结果可想而知，拉弟埃的印度之行取得了成功。

在商业谈判中，面对客户，签单并不是一件容易的事情，但并不是真的不好商量。适当亲昵一些，客户很有可能会“乐意为你效劳”。比如，聪明的女士可能会夸张对方的强势，突出自己的难处：“已经没有利润了，您吃肉，让我们也喝点粥嘛！”这时候撒娇是一种策略上的示弱，使自己变为主动，最终达到自己的目的。但是，语言表现亲昵时，需要把握好尺度、技巧、方式，不能是暧昧，不能是谄媚，这样才能达到最好的效果。

那么，我们在实际谈判中，如何通过话语表现出亲昵呢？

1. 亲切问候

见到对方时，我们应该致以亲切的问候，从而拉近彼此之间的心理距离。比如，“老杜，您好”显得亲切；“您早，早上好”比“您好”显得更为亲昵。沟通过程中，亲切的问候可以赢得对方的信任与好感，令其愿意为你效劳。

2. 攀亲带故

赤壁之战中，鲁肃见到诸葛亮时说的第一句话就是：“我，子瑜友也。”这里所说的子瑜，就是诸葛亮的哥哥诸葛瑾，鲁肃是诸葛瑾的同事挚友，短短一句话就定下了与诸葛亮的交情。其实，我们只要稍微留意，就能发现那些沾亲带故的关系。比如：“您是体育界老前辈了，我爱人可是个体育迷，你我真是‘近亲’啊！”

3. 表达自己的仰慕之情

在谈话过程中，表达出自己的仰慕之情，这也可以表现出“亲昵”的意味，当然，这需要掌握说话的分寸。比如：“您的大作我读过多遍，受益匪浅，想不到今天竟能在这里一睹作者风采，真是太荣幸了！”这样一说自然会令对方心情愉悦，这时再提出自己的诉求，就不怕被拒绝了。

第10章

谈判话术，能言善辩开口即赢

商务谈判的底线是按照自己的成本制定的，超过底线意味着利润的损失。有许多谈判者没有全局观念，常常会被一些小恩小惠所打动，以致丧失了大的方向和利益。所以，谈判者在耐心听取对方意见时，需要坚持自己的底线，不能轻易被对方牵着鼻子走。

潜移默化，不战而屈人之兵

谈判实际上就是说服别人的过程，也就是逐渐攻破被说服者的心理防线的过程，只有首先获取对方的信任，让对方逐渐“认同”你，和你产生心理共鸣，你才更容易说服对方，从而达到理想的说服效果。谈判者若直觉敏感、善解人意，往往更容易攻破他人的心防，获得别人的信任。

张仪曾经游说韩国与秦国“合纵”，共同攻楚，韩王心存顾虑。那么，张仪是怎样说服对方的呢？他说：韩国山地险恶，国家储备粮食不足，士兵不过20万人。秦国有百万大军，且士兵勇猛敢于赤足露身追杀敌人。山东各国的兵力虽然不错，但只有在披甲戴胄的情形下才敢战斗，而且人心不齐。两者相较就如把千钧的力量加在鸟蛋上，山东各国必然没有胜算。如今大王不服从秦国，秦必然发兵，大王的国家就要倾覆，不如亲附秦国而共同攻楚，把战祸转嫁给楚国，还能讨秦国欢心。

一番形势分明的分析之后，韩王释去了心中疑虑，听信了张仪的策略。

攻心说服最基本的技巧是巧妙地诱导对方的心理或感情，以使被说服者信服。所以最好使对方获得心理上的优越感或满足，以迎合对方的心理，千万不要试图批评或改变对方的想法。

那么，怎样首先获取对方的信任呢？

1. 取得心理共鸣

有这样一句格言："人的心和降落伞一样，必须是开的才有用。"想要获得对方的信任，就要使对方敞开心扉，取得心理共鸣。首先必须要话题投机，态度观点一致，这样才能让对方有知己感，进而赞同你的想法。如果话不投机，难以消除人们之间的对立情绪，使对方和你有心理隔阂，对方自然不愿听你说话、不愿和你亲近，你也就不能达到说服的目的。

在尝试说服某个人时，不妨先避开对方的忌讳，从对方感兴趣的话题说起，先从情感上取得一致性，然后从细节处扭转对方的观点，进一步令其赞同你的想法。如曾学过的《触龙说赵太后》中，触龙就是先说自己"偏爱小儿子"，迎合了赵太后的心理，然后再说宠爱子女要"为之计长远"，逐渐攻破了老太太的心房，取得了赵太后的信任，最终达到目的。

2. 用实例来取得信任

很多推销者往往这样说服客户："你的同事/邻居/好朋友某某也用过这个产品或者也买了这个产品。"或者："我自己也用这个牌子的护肤品，你可以看看我的皮肤。"这种直观的实际例子更容易取得对方的信任，而其关键在于所举的例子最好是对方熟悉的、有好感的人；若以对方讨厌的人做例证，往往会引起反感，也就不容易达到目的。

3. 用自己的人格取得信任

对方如果把你当成朋友，往往更容易接受你的说服。很多保险人员和业务人员就是这样做的，他们往往不会直接说服客户，而是先和客户成为朋友，当然——他们并不讳言自己的职业。当交情达到一定的程度以后，对方有这方面的需求，自然会找上他们，而且这种长期的营销策略更容易博得别人的好感。比如，有个公司，在每个节日都会为每个家庭寄上一张贺卡，并署上公司的名字，有需求的时候，人们第一个想到的往往就是这个公司。这也属于一种隐晦的说服术。

4. 有具体的数字和资料支持更能取得对方信任

对于理性的人来说，更容易对具体的数字和资料分析产生信任。比如，“一年卖出三亿多杯，杯子连起来可绕地球一圈”，这句广告语就是具体的数字资料，说明了该产品受欢迎的程度，更容易得到消费者的信任和喜欢。尤其对于业务营销来说，想要说服某个大客户，一定要提供详细专业的技术资料和销售情况以及其他客户的反馈，这样更容易得到对方的信任。而对普通消费者来说，专业资料反而不是那么受欢迎。

5. 层层分析释去别人的疑虑

一个人对某件事情想不通，往往会疑虑重重，他并不一定是对劝服者不信任，也许仅仅是对道理不理解，这时候就要用层层释疑的方法把道理说透，进行全方面、各角度的分析，一点点释去对方的疑虑，这样才可能说服对方。

通过利益诱惑对方

《史记》中有这样一句，“天下熙熙皆为利来，天下攘攘皆为利往”，指出无论是王侯还是匹夫，大多为了利益而往来奔走。所以，凡是涉及利益的劝服，不妨“衡之以利”，尤其是在以情动人、以理服人效果不彰的时候，则可以以利诱导，

打动他人。

李宁在退役之初本来打算操办体育学校，这时，健力宝的老总面见了他，劝道："想要搞体育学校，就要靠国家拨款资助，很多事情不好解决。与其向国家伸手，不如自己创条路子。所以我认为你最好先搞实业，就搞李宁牌运动服吧。赚了钱，有经济实力再办体操学校就不用求爷爷告奶奶了。"然后提议，"请你考虑一下，是不是到健力宝来？我相信只要我们携手合作，效益肯定大于分别创业。从另一个角度说，就目前，恐怕也只有健力宝能帮助你实现这个理想。我那时创业，走了不少弯路，你不应该也不至于从零开始吧，那实在太难。你到健力宝来，我们是基于友情而合作，健力宝也需要你这样的人。"

一番话，既讲明了可能遭遇的困难，分析了利弊，又表现了朋友的情谊，人情味和利害并施，终于打动了对方。

巧施利诱并不是退让自己的利益给其他人，更不是直接以利益来诱惑别人，要遵循一定的技巧，才能说得不致人反感。如果上来直接以利说事，无异于暗示对方"唯利是图"，很容易引起被说服者的反感，反而有害无益。那么，运用哪些技巧可以在不知不觉中让人知晓利害，自觉听从你的说服呢？

1. 暗示法

有时候直接把利益明朗化反而会引起他人的反感或者质疑，更不利于说服对方，这时候不妨用暗示的方法来使之明白，如果不按照自己说的去做，很可能失去某些利益。这种方式削弱了威胁的力道，更容易被人接受。

某家银行的信贷人员向一家拖欠贷款的企业催收外汇贷

款，结果对方推三阻四。临告辞时，信贷员巧妙地透露了一条“内部消息”：在国际外汇市场上，美元对日元的比价可能下跌。因为这家企业原本都是通过收回日元再折成美元偿还银行的美元贷款的，继续拖欠下去就意味着企业要还更多的钱。没有一句催还，却用这种暗示的方式警告对方，再拖下去对企业更不利，从而让对方及时还贷。

2. 情利结合，说动他人

对于那些不过分讲究“实惠”，而明事理、重情义的人来说，与其直陈利害，不妨设身处地为对方着想，充分考虑对方的切身利益和实际困难，考虑对方的合理需要，在此基础上说服，更显得通情达理，令人心悦诚服。如果能够以双方的交情为载体，情利结合，对方则会更容易接受。

3. 直陈利害

这里的“利害”并不是直接的金钱利益，而是利弊得失，“两利相权取其重，两害相权取其轻”是人们的普遍心理，从对方的利弊得失来劝说，更容易打动对方。

如在《烛之武退秦师》中烛之武的那段说词，首先是帮助秦王分析形势：“秦晋两国强弱相当，晋国与郑国国土相连，攻取郑国以后，晋国会得到土地变得强大，相对的秦国就会弱小了，到时候晋强秦弱，会对谁不利呢？”然后允诺了对方一份利益：“郑与秦结盟，郑作为东道主，对于来往的秦使，郑国可以随时供给对方缺少的东西。”

这样一来，只要秦师撤退，就可以消除“攻郑”带来的弊端，还能赢得盟友和利益，只要明白了其中的利害关系，无论秦王怎样衡量考虑，为了自己也会听从对方的意见。有时候，

以提供利益来说服对方，不如把整体形势分析清楚，让对方作出有利于己方的决定。这不仅需要说服的技巧，更需要把握整体局势，明晰利害的智慧。

描述远景，让对方憧憬

在生活中，由于现实与理想之间的差别，人们总会有一种逃避的趋向。远离了现实的残酷，他们很容易沉浸在憧憬和幻想中，似乎这样就可以彻底地摆脱残酷现实带来的痛苦。这是人们的普遍心理之一。因此，每个人对自己所憧憬、幻想过的生活都充满无限的向往，同时，还有一种期待，因为那就是他们为之向往已久的生活。假如我们在与他人谈判的过程中，能够巧妙勾勒幻想，利用对方的憧憬，描绘出未来美丽的蓝图，那对方心里还有防线吗？自然是没有了，他就会遵从我们的心愿，答应我们提出的条件。

古代的贤士们就常常给君主们描绘运用他们的思想治国可能实现的“美好蓝图”，如在《礼运大同篇》中孔子描绘了以“礼”治国的未来蓝图：“当大道得以施行的时候，男子都有本身适当的工作，女子都有归宿的家庭，鳏夫、寡妇、孤儿、没有子女的老人家，以至残废疾病的人，都能得到照顾。没有抢劫、偷窃和作乱，人人都可以做到路不拾遗、夜不闭户。”

孟子在梁惠王面前也宣扬以“仁义”治国的美好前景：“分给百姓五亩大的宅园，种植桑树，那么，五十岁以上的人都可以穿丝绸了……七十岁以上的人有丝绸穿，有肉吃，普通百姓饿不着、冻不着，这样还不能实行王道，是从来不曾有过的事。”在那个战乱的年代，谁不希望自己的国家国泰民安，自己能够称王做霸主？先贤们就是用这些美好的蓝图来打动君主、宣扬自己的政治理想的。

在某些广告当中，人们也往往能看到这样的宣传：“花园式公寓，大片绿地，顶级装修，您将享受到尊贵有品质的生活。”“仰望湛蓝的天空，俯瞰辽阔的大海，徜徉在一望无际的大片风信子花海中，在这里您将有一个最难忘的夏天。”不可否认的是，这种鼓动性的语言，往往能够打动你的内心，让你情不自禁地想试一试对方描绘的情景。但这种方法也是有风险的，当你使用时，一旦不能实现，很可能会毁掉你的信誉，因此，实施时一定要遵循以下原则。

1. 打动人心

描绘的前景，如果不能打动对方的心，就算你说得天花乱坠也没有半分用处。想要打动人心，就要懂得对方的需求。国君需要国泰民安，需要做霸主，先贤们就用“王道”的前景来打动他。对方呢，需要什么？要保值增值？要赚钱？要让别人羡慕和尊重？让自己过有品位的生活？提高自己的身价和社会地位？满足自己的虚荣心？懂得别人需要什么，然后再往这方面描述，更能引起对方的兴趣。比如：“我们这块的买主都是成功人士，到时候一说您住在某某小区，肯定让别人高看一眼。”

2. 不要过度夸张

过度的夸张不仅站不住脚，还会影响自己的信誉。这种描绘前景的方法，就是让对方幻想一下未来最美好的景象，是带着一定夸张形势的，被说服者也都明白这一点，他们图的也

是这个“可能”。但不要过于夸大，太浮夸了反而显得虚伪不真实，让人反感。比如，某支股票的平均年收益能达到20%，如果夸张为“一般能保证您一年30%的收益，最高波段肯定能赚50%没问题”，内行人一般会心动，最后即使没有赚到那么多，对方也能理解。如果夸大为：“过几天一定会翻着倍地往上涨，赚个三五倍绝对没问题，您就等着数钱吧。”这种明显蒙外行的话，最后肯定会自打嘴巴，影响自己的信誉。

3. 有论据支持

说得有理有据，别人才可能相信。比如，一些加盟项目总是这样宣传：“一件产品最低能赚10块钱，就算每天最少有20个客人的客流量，每月至少有6000元的收入，比很多工薪阶层要强多了，而且……忙都忙不过来，睡觉都会笑。”这样有具体数字，更显得真实，更能打动别人。

回答问题时避其锋芒

谈判中的提问可以追踪对方的实力、动机、意向、需求策略等，从而让提问方知己知彼、掌握主动。如果不想暴露己方的实力，而又不能直接拒绝，答复这些问题时就必须讲究策略和技巧。正确的答案未必是最好的答复，有问必答、和盘托出肯定有风险，胡乱应答则会影响自己的信誉和形象。

那么，怎样答复对方才更正确呢？答复的技巧不在于回答的“对”与“错”，而在于应该说什么、不应该说什么。应根据对方的情况和谈判目的判断是否应该答复、答复的时间、答复的范围、如何答复等。谈判者应学会在谈判中巧答提问，回避重点。巧答提问有如下几个技巧。

1. 拖延回答

如果明确回答对己方不利，或者准备不充分，而对方频频催问，不方便表示拒绝，则可以用“缓兵之计”，“为了更圆满回答你们的问题，我们需要更充分的考虑时间，好吗？”或者：“没有想到你们会问这个问题，所带资料不全，下次带齐资料再回答可以吗？”之后，可以准备好时再应答，或者来个“不了了之”，言而不答，一般对方也不会追究。

2. 慎重回答

在谈判中，回答的一方任何一句话都近似一句诺言，一旦说出，通常情况下是很难收回的。同时，对方的提问又往往隐藏着杀机，这是提问者为了获取信息、占据谈判中的主动所致。因此，假如在不了解问话的真正含义之前贸然回答，就有可能掉进对方设下的陷阱，导致把不该说的事情说出来。因此，对对方的提问一定要考虑清楚，每个字都要斟酌，慎重回答。

3. 含糊应答，以虚对实

借助一些宽泛模糊的语言，为自己留下余地，使己方策略具有某种弹性。比如，笼统地回答对方：“按照正常情况，我们是有信心高质量完成订单的。”这就表明不排除有意外发生，给自己争取了一定的弹性，如果价格太低或时间过紧或意外发生，就可能无法完成。也可以抽象回答：“你们的问题我完全理解，但某些方面，只有全盘考虑才能取得共识。”这种回答模棱两可，说了等于没说，对方也不好再追问。

4. 不给对方追问的机会

大量事实表明，在谈判过程中，假如一方连续性地提问，而且提问环环相扣、步步紧逼，那回答的一方就会掉进对方的圈套而陷于被动，甚至有可能导致谈判的失败。所以，谈判者在进行回答时尽可能不要留下尾巴、授人以柄，让对方抓住某个点继续追问，而应尽可能遏制对方的进攻，让其找不到继续追问的借口。

5. 以问代答

如果对方提出了不好回答的问题："如果出现某种情况，你们怎样应付，或者你们怎样赔付我方？"这样的问题回答不好就会使已经达成共识的部分功亏一篑；如果过于确切，说不定会吃亏，所以不妨反问回去："贵方的意思呢？"

6. 局部作答

这是应对对方投石问路的一种策略。如果对方提出一系列的假设性问题，诸如：增加50%的订货量是否可以更优惠？签订合同期更长，可以有多少折让？对于这种测探虚实的问题，可以考虑有选择地局部应答，例如，只回答第一个问题，对其他问题故意忽视或装聋作哑，"如果你们增加50%的供货量，可以在原本基础上打九五折；不过如果你们所有的假设都兑现，会有更大的优惠。"对方当然不可能兑现所有的假设，这样你也就搪塞过去了。

7. 有偿作答

这是一种就对方的提问因势利导，根据对方所提之问反过来试探对方的答复方式。如对方提问："假如……是否有优惠？"则可以这样回答："如果可以优惠，咱们就成交签合同如何？"比如，对方提问：“如果按我们的规格生产，价格能不能维持不变？”则可以回答：“我们的成本会提高，如果价格不变，你们的订货量必须再提高50%，或者签订五年专供合同，才值得考虑。”

8. 沉默拒答

对于一些明显不值得回答或不便回答的问题，完全可以不予理会，简单地沉默不语或者“顾左右而言他”，或反问对方“你觉得呢”，或者表情动作表现出对问题的抗拒，这样可以暗示对方无法回答，还可以给对方造成一定的压力，令其暴露自己的底线。

欲取故予，诱敌深入

俗话说“心急吃不了热豆腐”，谈判时如果急于求成、咄咄逼人，强迫对方立刻就在谈判桌上作出决定，往往会适得其反。我们常常看到一些销售员在客户上门时始终随侍在侧，让客户觉得很不自在。大多数人都会对压力感到紧张，甚至反感，尤其是在对方急切逼迫的情况下，即使达成协议，心里也会不舒服。

在春秋战国时期，郑武公的夫人姜氏生了两个儿子，长子寤生，即郑庄公；次子子段，即共叔段。姜氏因为长子出生时难产，所以心里不喜欢他，而尤其偏爱次子子段。她曾经劝说郑武公改立子段为继承人，不过郑武公以“长幼有序，不可紊乱”为由拒绝了她，立寤生为世子，只以一个小小的共城给次子为食邑之地。

郑武公死后，郑庄公继位，掌握了国家大权。姜氏见自己最喜欢的次子屈居在一个小城，心里很不舒服，而共叔段也想通过母亲的帮助取庄公的王位而代之。姜氏向郑庄公提出把制地封给共叔段。由于制地地位太过于重要，郑武公便假托父亲的遗命以“制地险要，原属魏国，不能封给任何人”为由拒绝了姜氏。继而姜氏又提出把京地封给共叔段，郑庄公只好答应。这事遭到了大夫祭足的劝阻。

共叔段到达京地之后，就开始积极训练军队，扩充编制。其所作所为根本不符合当时对一个封子的规定。上卿公子吕提出“可速诛共叔段”，郑庄公则以“宁可失地，不可伤兄弟之情”予以回绝。后来，共叔段又把势力扩展到西部和北部边境地区。公子吕再次提醒郑庄公“如果现在不动手，以后就更难控制了”。而郑庄公继续装傻说：“对国君不尽义，对兄长不亲近，土地越多，崩溃得越彻底。”

后来，公子吕为其出谋划策：郑庄公假装去朝见周天子，故意引共叔段起事，由公子吕预先伏兵在京地附近，待他出动，便乘虚而入占领京地。然后，郑庄公再进攻，让他插翅难逃。于是，郑庄公依计行事。姜氏认为时机已到，就写信与共叔段相约起兵袭郑，结果共叔段惨遭失败，被迫逃到了鄢城，而郑庄公已经先到了鄢城，最后共叔段无路可走，只好自刎而亡。

谈判中的欲擒故纵之术，就是通过表面上制造假象来麻痹对方，等待时机成熟之后进行反攻，在对方毫无防备的情势下获取较大的利益。这就需要在谈判时给对方留一条“退路”，也就是所谓的“欲擒故纵”，即使很想达成协议，也要轻松随意地让对方思考一下，让对方在没有压力的情况下心悦诚服地达成协议。然而，如果技巧掌握不好，往往会让客户真正跑掉。那么，怎样“纵”，又怎样“擒”呢？

1. 给对方留下考虑的时间

如果对方对签订协议或你提出的条件犹豫不决，就不要急于求成、逼迫对方答应，只要对方有心动的表现，就不妨给他留下考虑的时间，对方充分思考之后，才会心悦诚服地答应。很多人谈判时都习惯给对方作结论：“你看我们的条件多优惠，为什么不答应呢？”这样的语言方式往往会让对方反感，不妨改为：“您可以多方作一下对比，就能知道我的提议是不是对您有利。”给对方对比和考虑的余地，不要步步紧逼，这样更容易达成一致。

2. 创造“第三者”

如果让对方意识到你并非“非他不可”，你还有第三种选择，那么谈判就有了更充分的余地。比如，你对对方的服务或产品非常满意，如果想要议价，那么不妨告诉对方：“我对你们产品很满意，但我还看中了某某公司的产品，要更实惠一点，请容我再考虑考虑。”这样一来，对方往往更容易作出让步。或者：“我们同时还在对比某某公司给出的报价，恐怕您还要等一段时间，我们才能作出最后结论。”这种方式往往能达到奇好的效果。

3. 让对方下结论

谈判时，最好不要替对方下结论。“我相信您一定会跟我们合作”“我们的定价很合理”之类的武断性的结论，会让对方非常反感。你的提议是否合理，协议是否公平，不应站在自己的角

度来看，而应站在对方的角度来看。所以，你只能作出逻辑性或者组织关系性强的推理，让对方自己得出结论、作出选择，这样他才会更心甘情愿。比如，列出自己产品的优越性，而不强迫对方承认自己的产品一流；作出行业内对比，而不明说选择与自己合作才是最明智的。总之，“己方只作引导，让对方作出结论，永远让对方觉得自己赢了。”让客户觉得是他自己作出的选择，而不是被你说服了，他才会更心甘情愿。

4.表现出自己还需要考虑

如果想要对方让步，就要让对方意识到不合理的地方，这时候不妨委婉地告诉他：“你可以拿回去跟贵公司领导商量一下，考虑一下这个价格是否可以，没有利润的项目，我想我们不会做。”或者：“我方刚刚已经把价格提高了10%，而贵方寸步不让，我想我没有办法回去交差，价格还是原来的价格，不能提高了。”或者：“这个合作项目没有问题，但我手头还有两三个项目等我考虑，这个项目可有可无，还是再等一段时间吧。”为了能够成功，对方往往更容易作出让步。

找准漏洞，变被动为主动

反客为主的谈判法就是首先顺着对方的想法作出一番分析，然后找出对方的漏洞，乘隙插足，夺取谈判的主导地位，再抓住关键要害，循序渐进地达到自己的目的。想让对方顺着你的思路走，就要先顺着对方的思路走。运用反客为主的方法时，首先要找到对方的荒谬之处，或者洞悉对方的漏洞。

男孩与女孩要结婚了，女孩决定操办一个豪华婚礼，男孩持不同意见，但直接表达恐怕引起对方不满，于是，男孩给女孩算了一笔账：完全按照女孩的意愿，酒席32万元，新房装潢和家具等12万元，蜜月旅行、喜车、喜糖、鞭炮、礼品等二十几万元，加起来要六七十万元。然后，男孩告诉对方："现在有12万元的存款，每月结余一万多元，一年大概存14万元。"接着又说，"你看咱们是不是5年后——35岁积攒下存款再结婚？"女孩沉默了，男孩又问："要不先贷款，然后再用五年的时间还贷？"对此，女孩也不满意。这时男孩趁势说道："35岁结婚太晚了，背着贷款也不舒服，你看咱们是不是实际一点，看看哪里可以节省点？"女孩很轻易就同意了。

谈判者想要掌握主动权，让对方顺着你的思路走，就一定要找到对方的弱点，或漏洞或需求，然后再循序渐进地提出要求，这样才能顺利让对方顺着你的思路走。

在某次谈判中，为了自己手中多一张王牌，某芯片供应商A没有说出芯片对机械的要求，并告诉对方B，自己正在和另一位公司的老总C洽谈。B通过多方了解，知晓了这一秘密，于是告诉A，自己无法按照对方的要求进行投资，决定放弃购买这种芯片；据自己了解这种芯片对机械的要求颇高，必须用类似的进口设备，希望对方能介绍一下，以便把自己公司的设备卖给C公司。这一番暗示，告诉了A自己知道他和C的洽谈不过是个幌子，做到了反客为主，A听完之后大惊失色，主动找到B，降低了产品价格和对采购量的要求。

1. 循序渐进

找到对方的漏洞后，再抛出自己的想法，即有利于自己的

筹码，对方就可能一步步按照你的计划与你达成协议。比如，在某次谈判中，谈判者了解到目前这种产品的市场竞争非常激烈，于是首先说道："我公司已经连续5年向贵公司采购产品了，当前市场竞争非常激烈，于情于理，贵公司最少应降价10%。"对方没有立即答应。于是，谈判者立即详细分析了产品的成本、市场竞争状况；并估算了如果错失和自己的合约，对方将可能有多大的损失，严重的话，对方可能会被逼撤出该产品市场。

然后，谈判者点出对方可能陷入的困境："若贵公司不顾交情，我公司将不得不向你的同行采购。"最后提出有诱惑的条件并催促对方道："您想继续合作的话，按照我们的建议执行吧，随着公司业务量增大，我们会增加采购量的。"

2. 抓住关键要害

想要让对方按照你的条件达成协议，就必须抓住对方的关键要害，如"不想失去一位长期客户""希望延长合同的期限""希望增加采购量""不希望丢失高品级顾客""希望能作出产品宣传"等，只要抓住对方的要害，允诺对方最需要的利益，协议便可能更顺利达成。

第 11 章

谈判细节，明察秋毫谨慎应对

商务谈判的底线是按照自己的成本所制定的，超过底线意味着利润的减少。有许多谈判者没有全局观念，通常会被一些小恩小惠所打动，从而丧失了大的方向和利益。所以，谈判者在耐心听取对方意见时，需要坚持自己的底线，不能轻易被对方牵着鼻子走。

这些问题你需要注意

在日常谈判中，为了不被对手牵着鼻子走，我们首先要注意的是自己的问题，检视自己在谈判阶段的某些方面是否做得比较到位，如谈判前的准备工作、谈判议程规划、谈判策略等。只要一个环节出了问题，就无法挽回己方的失误，这便会给对方提供一个机会，促使其不断打击己方气焰，进而引导己方思路朝着对方既定的方向走。可以说，这是谈判过程中的重大失误。所以，在谈判过程中，我们需要注意很多问题，尤其是关于己方的某些问题。

某金融公司举行董事会议，11名董事围坐在椭圆形的会议桌前激烈地讨论着。有10名董事面前摆着纸和笔，而另外一名呢？除了纸、笔以外，桌面上还堆满了一沓沓的文件资料，每一叠都几乎厚达10厘米。董事们对这次会议中的中心议题——有关公司经营方针的变更，每个人都积极发言、各抒己见，一时之间，争论四起，难以达成一致。在这个过程中，那名携带了大批文件资料的董事，却一直保持沉默；而每一名站起来发言的董事，都会不约而同地以充满敬畏的眼光，向那堆文件资料行注目礼。

等到在座董事都发言之后，主席遂请那名似乎有备而来的董事说几句话，只见这名董事站起来，随手拿起最上面的一叠资料，简单地说了几句话，就坐了下来。之后，经过一番简短

的讨论，其他的董事都认为最后发言的董事“言之有理”，因而一致同意他的意见，这场纷乱而冗长的争论终于宣告结束。

散会之后，主席急忙过来与这名董事握手，感谢他提供的宝贵意见，同时对其为收集资料所下的功夫表示敬意。而那名董事却表示莫名其妙：“这些文件资料和今天开的会根本是两回事，这些东西是秘书整理出来的，先交给我看看，如果没有保存的必要，就要烧毁了。而我正打算开完会便外出度假，所以顺便把它们带到了会场。至于我发表意见时手上拿的纸条，不过是刚刚边听各位发言边随手记下的摘要。老实说，对这一次的会议，我事前根本就没作什么准备。”

尽管这名董事是无心插柳柳成荫，但这确实是一种文件战术。一个人若是带了许多参考资料出席会议，想必在事前已经作了充分的准备。正因为如此，不管这名董事说了些什么，都会让大家觉得“有分量”“言之有理”，然后毫无异议地采纳他的意见。

但是，在实际谈判时，你所携带的资料，一定要与谈判本身有关。假如你带了大批与谈判无关的资料前去谈判，一旦被发现，你的谈判信用便面临破产；而一旦失去谈判信用，便难以挽回、无可弥补。参加任何谈判，都需要留意自己所使用的战术或技巧是否适用于谈判的内容，这是十分重要的。所使用的战术或技巧如果不够高明、不适合于谈判内容，都将导致谈判难以顺利地展开。

通常文件战术运用于谈判一开始，也就是双方隔着谈判桌坐定的时候。而且，采用文件战术须有始有终。在每一次的谈判中，都不要忘记把所有的文件资料带在身边，否则，将会引起对方的怀疑乃至蔑视。假如有可以不再携带文件资料的理由，则需要向对方进行详细说明，使其了解。

当然，这只是我们需要注意的问题之一。千万不要小看这个问题，稍有不慎，就会使己方陷于被动位置，甚至让对方牵着鼻子走。那么，在实际谈判中，我们还需要注意哪些问题呢？

1. 压力不宜过大

假如我们所参与的谈判规模大且重要，那我们自然对谈判的目标期望值较高。假如谈判者对达到目标的把握不大，则往往会过多地考虑谈判的重要性，担负过大的心理压力，患得患失，且盲目地进行各种猜想，稍有不慎就会出现谈判前失眠、坐卧不宁等焦虑情绪，这将直接影响谈判能力的发挥。

2. 保持平和的情绪

谈判过程中，在双方不停的主、被动转换中会呈现暂时的冷场、相持、激烈等不同气氛，这些都将直接干扰和影响谈判者的情绪。当自身处于主动位置时，谈判者容易沾沾自喜，情绪过于兴奋，这会导致知觉能力下降、放松警惕、陷入对方的布局，给对方以可乘之机。在自身处于被动时，谈判者又想尽快扭转局面，这时会变得小心谨慎，担心自己失误，又担心别人得逞，容易产生消极情绪，结果越谈越被动。

3. 不宜感情用事

有的谈判人员过于自尊或自卑，容易被激怒，谈判是谈判者代表企业去完成重要的使命，只要对方不是故意惹事，就应该专业而客观地看待问题，互相之间不应该怀有敌视心态，这样才能促进双方谈判成功。

4. 以平常心看待谈判实力差距

谈判双方的实力相差悬殊时，不管是强的一方还是弱的一方，其谈判心理都会受到一定的影响。在谈判对手实力较强、谈判水平较高、谈判优势较大的情况下，谈判者往往会产生“畏谈、畏难”情绪，对实现期望值缺乏信心，对解决谈判中的困难缺乏主动性和积极性。

若谈判对手较弱，谈判者则容易产生麻痹的思想，具体表现为预期困难的准备不足。比如，在谈判比较顺利时，谈判者往往会忽视细节、举止傲慢、处理问题随便。假如遇到困难，尤其是出现意料之外的情况时，可能会产生急躁情绪，言行失态，导致谈判失败。

即便谈判双方实力相当，谈判者也容易产生想赢怕输的心理状态，担心自己在谈判中发挥不好而影响谈判预期值，害怕肩负重任却辜负了期望。这种情况下，谈判者总是怕这怕那，怕言语不当让对方掌握有利信息，怕发问不当让对方抓住有利时机，结果反应迟钝，顾此失彼。

5. 忽略自己的底线

谈判者的最低目标应建立在对最佳选项的客观分析上，假如设立了底线，就一定要坚持下去。否则，谈判就失去了意义。商务谈判的底线是按照自己的成本所制定的，超过底线意味着损失利润。

6. 无法坚持到最后一刻

谈判进程趋向结束，谈判越是接近预期的最后期限，谈判气氛就越紧张、越难以琢磨，对谈判者的心理冲击就会越强烈。在谈判的最后阶段，谈判者思想过于集中，思路容易僵化，往往会出现意想不到的失误。此外，由于谈判接近尾声，谈判出现须负最终责任的行为，谈判者的心理压力持续增大，情绪上的紧张导致行为上的犹豫、缺乏胆识，往往会因此错失良机。

如何应对不同的谈判对手

商务谈判是指买卖双方为实现某种商品或劳务的交易，就多种交易条件进行的协商活动。当然，谈判也是一项技术性和技巧性较强的活动，成功的谈判不但要求谈判者能熟练地运用各种计谋，还要求他们能灵活地运用各种技巧。当然，由于谈判者在文化、修养、性格、地位以及经历等方面的不同，因此往往会表现出不同的谈判风格和特点，其使用的谈判策略也有所区别。这就要求谈判者能够根据对手不同的风格和特点采取不同的谈判策略。

一位英国商人很不幸地欠了一个放高利贷者一大笔钱，但是自己没办法还清这笔借贷，这意味着他不但将破产，而且必须长时间孤独地被关在地方债务人监狱。但是，放高利贷者提供了另外一个解决方法。他建议，假如这个商人愿意把漂亮的年轻女儿嫁给他，那就将债务一笔勾销，以作回报。

这个放高利贷者又老又丑，而且声名狼藉。商人对这样的建议感到很吃惊。但是，这位放高利贷者是一个狡猾人士，他提出公平解决途径——让命运作决定。对此，他提出这样的建议：在一个空袋子里摆入两颗鹅卵石，一颗是白的，一颗是黑

的。商人的女儿必须伸手入袋取一颗鹅卵石，如果她先取中黑鹅卵石，就必须嫁给他，而债务也算偿清了。如果她不选一颗鹅卵石的话，那就没什么可谈了，她的父亲必须被关进债务人监狱。

商人以及他的女儿只好同意。放高利贷者弯下身拾取两颗鹅卵石，放入空袋。与此同时，商人的女儿用眼角斜视到这个狡猾的老头儿选了两颗黑鹅卵石。商人的女儿似乎没有强大的谈判态势，尽管放高利贷者的行为很不道德，但是，如果揭穿他的伎俩，采取强硬立场，那自己的父亲肯定进监狱；假如不揭穿而选择一颗鹅卵石，那自己就必须嫁给这个丑陋的放高利贷者。

商人的女儿很聪明，她了解自己，同时也了解自己的对手。她清楚自己的对手是一位不择手段的狡猾者，她知道根本不可能与他进行面对面的较量。想好了对策之后，她把手伸入袋子，去取一颗鹅卵石，不过，在即将能判定颜色之前，她假装笨拙地摸石取石，结果“失误”地把鹅卵石掉到了路上，很快地与路上其他的鹅卵石混在一起，没办法辨别。女孩惊呼：“哦，糟糕，我怎么这么不小心，不过没关系，先生，我们只要看看在你袋子里所留下的鹅卵石是什么颜色，便可知道我所选的鹅卵石的颜色了。”

由于谈判对方是一个狡猾的人，女孩子在仔细地衡量相关因素之后，决定好策略，运用谈判让自己赢得了有利的位置。在赢得谈判之后，她揭穿了高利贷者不道德的行径，然后和已偿清债务的父亲回家了。这个女孩子最终赢得了成功，因为她在比赛规则对她不利的情况下巧妙地利用了游戏规则，从而变劣势为优势。

那么，我们在谈判中遇到不同类型的谈判对手时，如何应对才不至于被对方牵着鼻子走呢？

1. 盛气凌人的谈判对手

通常盛气凌人的谈判者往往会占据主动的一方，这种人比较注重信誉，会认真履行已经承诺的事项，不过态度通常比较傲慢、盛气凌人。若是遇到这样的谈判对手，我们可以采取以柔克刚策略、争取承诺策略、更换方案策略、黑白脸策略等。在谈判过程中避其锋芒，以计制强、以静观动，以持久战来削弱对手的耐力，寻找有利的突破口，促使谈判顺利进行，达到预期效果。

2. 循规蹈矩的谈判对手

通常循规蹈矩的谈判者不太容易接受别人的意见，一切都是按照规章制度办事、按照领导意图办事。所以，我们遇到这样的对手时，宜以守为攻，采取休会策略，并且准备好充分、详细的资料，让谈判对手对自己的方案产生兴趣，利用对手的漏洞与弱势，组织进攻，增强谈判力度。

3. 诡计多端的谈判对手

在日常谈判中，我们经常会遇到诡计多端的谈判对手，这样的对手比较狡猾，不容易对付。他们会使用各种计谋和手段来诱惑我们作出让步，意图达到自己的目的。遇到这样的对手时，我们一定要沉着应对，可以采取反车轮策略、对付抬价策略等。不管在什么样的情况下，我们都一定要保持清醒的头脑，不断揭穿对方的阴谋，争取主动，运用多种谈判技巧迫使对方作出让步。

4. 自我保护的谈判对手

通常自我保护的谈判对手自我意识较强，对外界的暗示比较敏感。对此，谈判者可以一方面适当满足其虚荣心，另一方面抓住对方的弱点展开攻势，让对方妥协。可以使用投其所好策略、顾全面子策略等。当然，我们在实践中要灵活应用，不能生搬硬套，否则不会达到预期目的。

别受对方的情绪影响

一个人的情绪对活动有着相当重要的影响，对于每个人而言，只有敏锐地察觉他人情绪、善于控制自己情绪、巧于处理人际关系，才能更容易获得事业活动的成功。商务谈判情况复杂多变，双方的情绪也会随之波动，谈判过于情绪化，对谈判本身是毫无益处的。作为谈判的一方，我们须对双方的情绪进行有效的调控，使商务谈判可以按照预期的方向发展。当然，在商务谈判中并非张牙舞爪、气势夺人就能占据主动，反而是那些喜怒不形于色、情绪不被对方所引导、心思不被对方所洞悉的方式更能克制对手。正所谓“柔者长存，刚者易损”，如果想成为商务谈判的高手，必须谨防对方的情绪干扰。

我们偶尔会在商店看到这样的一幕：个别顾客冲着售货员就货物质量或其他原因大发脾气，售货员觉得不是自己的问题而试图解释，但顾客根本就听不进去，不但要求退货，而且继续大吵大闹，双方甚至发生激烈的口角。在日常谈判中，人的因素除了观念问题之外，情感表露对谈判也会产生重要的影响。当然，谈判者总是期望对手的情绪泄露可有助于谈判的顺利进行，如谈判对手刚刚新婚，或者刚做了一笔漂亮的生意，这让他在谈判中不禁喜形于色，其高昂的情绪就可能使谈判十分顺利，以便很快达成协议。但是，我们也会遇到某些不如意的对手，他们情绪低落，甚至有可能对我们大发雷霆。

巴西一家公司到美国去采购成套设备，巴西谈判小组成员由于上街购物耽误了时间，当他们到达谈判地点时，比预定时间晚了45分钟。美方代表对此极为不满，花了很长时间来指责巴西代表不守时、不讲信用，并表示，假如这样持续下去，以后许多工作将难以合作，浪费时间就是浪费资源和金钱。

对此，巴西代表感到理亏，只好不停地向美方代表道歉。谈判开始之后，美方好像还对巴西代表迟到一事耿耿于怀，一时间弄得巴西代表手足无措，说话处处被动，无心与美方代表讨价还价，对美方提出的很多要求也无法静下心来认真考虑，匆匆忙忙就签订了合同。

等到合同签订以后，巴西代表才平静了下来。头脑不再发热时，他们才发现自己吃了大亏，上了美方的当，不过为时已晚。

这是一个挑剔式开局策略的运用，在谈判开局就对对手的某项错误或礼仪失误严加指责，使其感到内疚，从而达到营造低调气氛、迫使对方让步的目的。在上面的案例中，美方谈判代表成功地使用挑剔式开局策略，迫使巴西谈判代表自觉理亏，在来不及认真思考的情况下匆忙签下对美方有利的合同。

在谈判中，有时双方都难以抑制感情泄露，个人的情绪还会有一定的传染性。有时若处理不当，令矛盾激化，将致使谈判陷入不能自拔的境地。双方为了顾及“脸面”而彼此不作出

任何让步，结果双方都难以合作下去。对待和把握谈判者的感情表露也是解决问题的一个重要方面，在商务交往中，每个人的情绪都可能决定谈判的气氛，怎样对待谈判者的情感表露，尤其是处理好谈判者的低落情绪，甚至是愤怒的情绪，对今后双方的进一步合作有着深远的影响。

1. 关注和了解双方的情绪

假如谈判对手表现出十分生气的样子，或冲着你大发雷霆，那么一定要密切关注对方的情绪变动，同时也要注意自己的情绪。我们应该弄清楚对方生气的原因——是对方在寻找策略的途径，还是个人家庭出现了问题？或许对方只是想通过情绪干扰来赢得我们的让步，还是对方在束手无策情况下的一种情感宣泄？我们只要弄清楚对方情绪大变的原因，就会找到解决的办法。但是，在对方情绪不稳定的情况下，不宜急于作出解释和澄清。

2. 缓解情绪冲突

在商业谈判中，个人情感的输赢是没有实质性意义的，非要弄清谁是谁非并不是最终的目的。谈判者追求的是在双方利益都实现的基础上取得双赢的局面。所以，在缓解情绪冲突的时候，有些象征性的体态语言往往可以起到意想不到的使局面发生逆转的作用，如握手、赠送礼物、请吃饭等。智慧的谈判者明白，用行为表示道歉是谈判中成本最少而回报最高的投资。

3. 让对方的情绪得以发泄

在谈判过程中，当对方的情绪还在发泄时，此时并不是解决问题的最好时机。这时最佳方法就是静静地倾听对方。为了能够让对方的情绪稳定下来，应该引导对方将理由说清楚，让对方将心中消极的情绪发泄出来。

把握时机，亮出真实意图

中国有句俗语：“最后的赢家才是真正的赢家，要笑就笑到最后。”这句话一点也不假。谈判中，我们在与对手交涉的过程中，也只有手握底牌，在关键时刻阐明观点，才能出奇制胜，让对手心服口服。谈判桌上，谁能掌控好情势，谁就会是最后的赢家。作为谈判者，在谈判过程中，我们只要能抓住对方的心理，根据对方不同的利益需求，适时说出让对方毫无对策的话，势必能掌握谈判的主动权。

谈判中，双方往往都有自己的底牌，但要让对手心服口服，谈判者一定要沉得住气。有些时候你能清楚地感觉到事情正在越变越糟。你应该采取守势，退后一步，现在的情势不适合马上反击。不要在自己处于劣势的时候拼命地试图证明自己，此时不妨退守一步。记住，等一等，机会总会到来，那时你才能出奇制胜。

张耳占据赵地后，号称武信君。他委托蒯通去范阳，说服范阳令徐公投降。

蒯通到达范阳，见了徐公就说：“我是范阳一介草民蒯通。我分析当前形势，徐公你可能活不了许久了。我特意来给你吊唁来了。不过，你要是听我蒯通的话，也可以有一条生路，我也是来向你表示祝贺来了。”

徐公就说：“你怎么知道我活不了许久？”

蒯通就说："你在范阳为官已经10年了。你为了落实秦国的法令，杀人家的父亲，使人家的孩子成为孤儿；你断人家的手足、黥人家的面孔，这样残忍的事情你做得够多的了。那些慈父孝子对你恨之入骨。他们为什么不用锋利的尖刀插到你的腹中把你杀死呢？那是因为他们害怕秦国的法律。如今是天下大乱，秦国的法律已经不起作用了，那些慈父孝子正在争着用利刃把你杀死。一来要化解他们对你的怨恨，二来杀你也可以得到名利。所以我蒯通知道你活不长了，因此才提前来给你吊唁。"

徐公又问："你怎么还祝贺我有一条生路呢？"

蒯通说："武安君不嫌弃我是一介草民，向我请教战争问题。我对他说，'打了胜仗才能得到土地，攻取之后才能得到城池，这已经是落后的战法了。不战而得地，不攻而得城，一纸公文就能搞定千里，这样的谋略你们愿意听听吗？'他们的将领都很感兴趣。我就说，'以范阳令徐公为例，他可以整顿士卒坚守城池。但是，人都是害怕死亡贪图富贵的。战到不行的时候他要投降。那时士卒都有了怨气，很可能把范阳令也给杀了。这件事必然会传出去。其他地方的官员知道范阳令先投降也被杀害了，必然要固守。这样，其他城池就不好攻打了。现在不如以隆重的礼仪迎接范阳令徐公，一直把他迎接到燕赵接壤的地方。使其他城池的官员都知道，范阳令投降得到了富贵。这样，他们就会争着来投降。这就是我说的'一纸公文可以搞定千里'。现在你要是听我的话投降武信君，不但可以生存，而且可以继续享受富贵。"结果蒯通说通了范阳令徐公。

故事中我们不得不佩服蒯通的口才，他之所以能成功说服徐公，在于他分别从正、反两方面阐述了事情的利弊得失，让徐公心服口服。其实，我们与对手进行谈判，也是一个说服对方接受成交条件的过程。如果你也能和故事中的蒯通一样，在阐述观点的时候，有理有据，那么，同样能起到成功谈判的效果。

1. 用事实说话

谈判中，要使对手接受你的观点、意见，就要让事实说话，事实充分能使你言重如山。“百闻不如一见”，事实胜于雄辩。在说服中，要善于运用事实造势。这种说服方法根本的一点就是唯实、唯事，尊重客观事实，用事实说话。运用事实进行说服最能打动人心，最能使人信服。从心理学的角度来分析，人们的心理趋向是求真、求实。只有真实的东西，才是最可信的。

2. 把握时机再亮出底牌

以打牌为例，当你的运气很差时，对手往往会察觉到并且玩得更好。他们不再把你视为一个威胁，你已经输了气势。在这个时候，你应该更加保守。不到关键时刻，不要亮出最有分量的牌。因为牌局随时会停止，不要太早把手里所有的牌都亮出来，因为对方也随时会出新的牌。

3. 关键时刻表态

你还应该最大化你的优势。先观察你对手的动作，尽量让对手先表态，然后根据对方的心理变化适时地调整自己的策略，并到最后的时刻一举亮出自己的王牌，让对方心服口服。

当然，要想做到让对手心服口服，我们在谈判过程中，还必须做好保密工作。现实生活中，一些经验尚浅的谈判者总是重复着这种愚蠢的做法，他们不重视保密工作，随随便便地分

享个人信息。要知道，有些信息此刻看似无关紧要，但它的泄露可能在将来成为一个致命的错误。

出其不意，掌握主动

《孙子·计篇》："攻其无备，出其不意。"意思是趁对方没有意料到就采取行动，也就是出乎于别人的意料之外。在实际谈判中，我们也可以利用这一招计谋，以出乎于对方意料之外的言语制服对方。"出其不意"也就是不按照正常的逻辑出牌，有可能是借题发挥，有可能是顺势引导，说出一些在对方预想之外的言辞，令对方无法招架，这样所产生的效果是能顺利地摆脱对方的言语限制。通常在谈判中，如果按照正常的逻辑思维，当自己论述了某一个观点后，我们就可以预想对方有可能会出现什么样的言辞。而"出其不意"完全跳出了这个圈子，那些话语完全是对方所想不到的，也正因为如此，才好打他个措手不及，最终我们将成功地占据上风。

有位演讲家在演讲结束时，台下有一名学生突然连珠炮似的向他发问：

学生：先生，您今天是第一次演讲失败吗？

演讲家：当然是第一次啦。噢，你们当学生的怎么总爱问这个问题？

学生：演讲时，您觉得什么样的字音最容易说错？

演讲家：错。

学生：您演讲开始时，从来不说的是什么？

演讲家：结尾。

回答了学生的问题之后，演讲家也来个出其不意，反戈一击：

演讲家：我方才讲的冷缩热胀的道理你懂了吗？

学生：懂了，先生。冬天白天短——冷缩；夏天白天长——热胀。

这时，台下出现了哄堂大笑。这位发问的学生这才知道说错和失败的是自己，不禁羞红了脸。

有时面对对方攻击性的语言，你可以顺势引导，先回答对方的提问，然后反戈一击，出其不意地打消对方的气焰。在案例中，演讲家面对学生的发难并没有生气，而是思路清晰地回答了学生的恶意提问。但是当他回答完了，他也来个出其不意，反戈一击，使学生意识到说错和失败的原来是自己。

古希腊诡辩家讲过这样一则寓言：

有一位埃及妇女看到自己在尼罗河畔玩耍的孩子被鳄鱼抓住，就请求鳄鱼把孩子归还给她。鳄鱼当着众人说："如果你猜对我的心思，我就把孩子归还给你。"妇女说："我猜你不想把孩子还给我。"鳄鱼说："如果你猜得对，则根据你说话的内容，我不把孩子归还给你。如果你猜得不对，则根据约定的条件，我不把孩子归还给你。你或者猜得对，或者猜不对，所以我都不会把孩子归还给你。"

听了这样的话，妇女灵机一动，说："如果我猜得对，则根据约定的条件，你应把孩子归还于我。如果我猜得不对，则根据我说话的内容，你应把孩子归还于我。我或者猜得对，或者猜得不对，所以你都应把孩子归还给我。"

鳄鱼本来想用一个不符合逻辑的推理来为难妇女，可没想到妇女也用了一个同样不符合逻辑的推理来反驳它。出其不意，这样的反驳方式实在是巧妙极了。

那么，在实际谈判中，如何才能使出“攻其不备”这一招呢？

1. 巧观对方岔开话题

在谈判中，一旦发现对方岔开话题，不需要打断他，应让他继续说下去。如果对方是一时不小心而为之，那估计对方说不了多久就会自己发觉而显露窘态；如果对方是因为想到了另外一件事，那他一旦察觉也会回到原来的话题之上；如果对方是因为是有意岔开话题，那就可能会继续这个话题说下去。

观察对方出于哪种情况，如果是前两种情况，那你应适时顺应对方，让对方将话题越扯越远，给对方出其不意的一击；如果是后一种情况，那则需要及时地返回原来的话题，出其不意地反驳其有意岔开话题的居心。

2. 借题发挥

在谈判中，当我们受到对方的攻击时，可以不正面回答，而是通过借助对方提供的话题进行还击，出其不意，从而改变谈判的局势。这种方式最重要的一点在于“借”，在于能否借对方的话题为己所用。当然，这也取决于我们的辩论经验和思辨能力。

参考文献

[1]张远.北大谈判课[M].深圳：海天出版社，2013.

[2]王建明.商务谈判实战经验和技巧[M].北京：机械工业出版社，2015.

[3]武向阳.谈判兵法[M].重庆：重庆出版社，2016.

[4]刘必荣.谈判最重要的100个提醒[M].广州：广东旅游出版社，2016.